이효복 시집

너는 오월로 서 있다

너는 오월로 서 있다

인쇄 · 2025년 11월 25일 | 발행 · 2025년 11월 30일

지은이 · 이효복
펴낸이 · 한봉숙
펴낸곳 · 푸른사상사

주간 · 맹문재 | 편집 · 지순이, 김수란
등록 · 1999년 7월 8일 제2-2876호
주소 · 경기도 파주시 회동길 337-16(서패동 470-6) 푸른사상사
대표전화 · 031) 955-9111(2) | 팩시밀리 · 031) 955-9114
이메일 · prun21c@hanmail.net
홈페이지 · http://www.prun21c.com

ⓒ 이효복, 2025

ISBN 979-11-308-2341-6   03810
값 12,000원

• 저자와의 합의에 의해 인지는 생략합니다.
• 이 도서의 전부 또는 일부 내용을 재사용하려면 사전에 저작권자와 푸른사상사의 서면에 의한 동의를 받아야 합니다.
• 이 도서의 표지와 본문 레이아웃 디자인에 대한 권리는 푸른사상사에 있습니다.

이 책은 광주광역시, 광주문화재단의
2025 지역문화예술육성지원사업으로 지원받아 발간되었습니다.

푸른사상 시선
218

너는 오월로 서 있다

이효복 시집

| 시인의 말 |

또 하나의 오월을 본다
5·18 소년 시민군
순수 눈빛 눈망울을 가진
그의 부음을 듣는다
소쇄 바람 울숲 지나
무등을 넘고 창공을 휘돈다
무등을 보며
위안을 얻고,
이 땅의 치유를 기원한다
혼을 다해 생을 마감한 의로운 분들의
고통과 슬픔을 새겨본다
달래고 달래어도 아픔은 이어지고
청죽 물방울 이는
시원의 어떤 흔적들을 그러모아
사사로이, 삶의 근원을 밝혀본다
어쩜 잊혀지기 위해 사는지도
모르겠다

2025년 10월
광주 풍암동 금당산에서 무등을 보며
이효복

| 차례 |

■ 시인의 말

제1부 나에게로 온 그 어느 하루 외진 날

봄의 말	13
자귀꽃 물드는	14
목란마을	15
명옥헌 원림	16
내 맘속 빛 따라서	17
꽃은 새로이 핀다	18
내가 핀 꽃	20
이 밤 이 긴 밤	21
여름을 견딘다	22
오월의 비상	23
나에게로 온 그 어느 하루 외진 날	24
얼마나 좋은지 모른다	26
해 저물녘	27
봄볕에 나란한 고양이	28
봄이 오는 시간	30

제2부 가끔은 그렇게 좋아라 했다

단비	33
온전히 깃들다	34
소쇄원 투죽위교	35
소쇄원 오곡문	36
소쇄원 조담(槽潭)	37
소쇄원 애양단	38
소쇄원 담장	39
소쇄원 광풍각	40
소쇄원 제월당	41
소쇄원 대봉대	42
묵객, 울울	43
소쇄 바람 인다	44
제월당에 머물다	45
이처럼 기다려본 적이 있는가	46
더할 나위 없이	47

| 차례 |

제3부 저 바람 나를 흔들고

오월 은행나무로 서다, 김향득	51
희망의 서사, 홍성담 1	54
희망의 서사, 홍성담 2	56
무등산국립공원	57
총부리를 거두라, 안병하	58
내가 마주한 조태일 시인과의 마지막 대화의 밤	60
날, 칼날	62
취가정의 봄, 김덕령	64
『유서석록』지은 고경명	66
미얀마의 봄	67
저 바람 나를 흔들고	68
설날 아침, 팽목항에서	70
귀를 열어, 하늘을 보라	72
코로나 정국	75
은목서 향기 드날리고	80
아, 하늘은 우리들의 하늘은	82
이름도 표지석도 없이, 오월 1	86
오월 광장을 누비다, 예제하	88

제4부 봉산현 뜰 앞 이수의 묘도 그려본다

내 기억의 터, 본향	91
나라의 길이 막히고	92
경인수세 충효전가	94
장성 죽림서원에서	95
이문정공 실기	96
모화루 응제, 도화시	97
그 핏기 없는 얼굴, 이준규 1	98
역사를 바로 세우다, 이준규 2	100
이 뜻깊은 자리, 이영규	101
국가, 자라뫼마을	102
시를 입에 물고 태어나	104
나의 아버지	106
길 하나가 남아, 장성 갈재	108
그 눈[雪]이 좋아서, 빙판길 낙상	110
봉산현 뜰 앞 이수의 묘도 그려본다	113

■ 작품 해설 오월 본향의 만인보―맹문재   117

제1부

나에게로 온 그 어느 하루 외진 날

봄의 말

참 많이 기다렸어요
봄까치꽃 눈을 부라리며 돋고
발 디딜 틈 없이 움트는 것들
이젠 파랗게 눈 떠
말을 걸어 오네요
지난겨울을 잘 버텨냈어요
상추며 배추꽃을 봐요
날은 위대했고
대견하다 대견하다
어루만져보네요

자귀꽃 물드는

가까울수록 멀리 퍼지는
깊은 산중 허허로움이라고 하면
산죽 사이 외진 흔적 하나 바치며 노래했다
더는 진하게 우리 곁에 깜찍이 드러내는
불안의 확산
곱발로 서서
이렇게 어렵구나
젖어본들
사라져가는 저문 걸음의 촉매
사소히 다투지 않는
어둠의 산그늘에 꽃이 핀다

목란마을

지루한 날
나비 한 마리 꽃핀다

멈칫
신작로로 돌아눕는
칡넝쿨

옛 갈재 숲길 오르던 마을 어귀
폐터널 오랜 기억의 애환으로
숙성된 젓갈 맛깔스럽다

멈춘 선로 따라 소환하는 그리움
갈애바위 우뚝 서 바라

오가는 발길
삼남대로
동학의 혼을 달랜다

명옥헌 원림

그대 창가에 어둠이 나직이 앉아
손을 내밀어 속삭입니다
새벽이 온다는 것은 나의 작은 희망입니다
희미한 기억이 꿈틀거릴 때
나는 돌아누워
당신의 이름을 외고
당신의 이름을 지지합니다
지우고 또 지우고 돌아누워도
내게서 생생한 생명의 불씨
어디 한 줌의 재로 남았을까요
산산이 원도 한도 부스러지고 으깨어서
이제 내게서 멀어진 이름
천연히 피워내는 꿈
이름자 새기어 넣어
사라져갈 때
간간이 천리 길 달려갑니다
오래도록 앉아 꽃피웁니다
뚝뚝 지는 꽃을 바라봅니다

내 맘속 빛 따라서

모두에게서 모든 자유를 말살당하는
어떤 희망이 내게로 온다면
나는 강압할 수 있을까
아직 그가 살아 있다는 것은
내가 살아 있다는 마지막 밤의 교신,
슬픈 상징의 희미한 새벽의 환영
그림자 깊어지고 적막이 더할수록
과거는 무겁다
시름을 견뎌낸다는 것은
지극한 고락의 수반이다
청숲 바람 빼곡히
세상에의 뜻을 세운다

꽃은 새로이 핀다

먼 발치에 어둠이 깔린다
짐을 꾸리는 동안 밤에 직면한다
이번 시도는 거의 칩거 위주다
새로움의 창출을 위해 빚고 빚어서
낮게 바닥에 가라앉는
마음의 고요를 따라간 것이다
머묾은 잠듦이다
그것이 나를 만들고
다시 나를 생성하는 것이다
사위 자작한 돌풍은 태동의 발돋움이다
나를 침잠의 세계로 몰아넣고
나를 점검하는 시간
꿈의 무의식적 환영
비로소 내가 보이고
깨어나는 반동의 힘을 얻는 것이다
길을 잃고 다시 새로움을
창출하는 것이다
내가 걸어온 의로움이다

벌써 날이 어둡지 않은가
기상을 준비하자

내가 핀 꽃

무등 둘레 층층이 곱게 머물러
가을이 들앉고
무성던 한여름 뙤약볕
피땀 흘린 대지의 환희,
찬사를 보낸다
자연이 피워낸 꽃
그 앞에 마음 모아 기원한다
내가 핀 꽃 또한 그 꿈에
기름진 옥토
그 속에 모아져 하나가 된다
자연의 소리 듣는다
내가 없는 나의 소리
홀로 의연하다

이 밤 이 긴 밤

이 밤 이 긴 밤
우두둑 비는 내리고
잠에서 깬다
깊은 잠 들지 못하고
철버덕 너를 생각한다
늦은 일 마치고 돌아와
홀로 누우니
돌아오지 못하는
적막한 울음 하나 떠올라
자꾸만 너의 이름을 묻는다
다시 너를 떠올린다

여름을 견딘다

여름날 하루해가 단단히 무디다
마음이 소란스럽다가 그친다
여념이 없다
바라는 것이 무엇인가
앙다물어 머금고 험한 길 넘었던 기억
길은 아득하고 엉엉 울었다
알 수가 없다
흙으로 돌아가
꿈이던가 그 이름 없다
어디에도 없다
수단 방법 가리지 않아
자취 찾을 길 없다
제 깜냥도 모르고
품은 뜻이 깊다
맞닥뜨림 속에서 나와 맞대면한다

오월의 비상

누구라도 꿈꿀 수 있는 것이다
나만의 이상은 아닌 것이다
참되고 아름다운 기억의 암묵
동이 트고 아침이면
우리 모두가 일어나는 것이다
그 울림 맛보고 싶은 것이다
너에게로 가고 싶은 것이다
소쇄 바람 이는 무등의 품에
내건 희망, 저 너머로
불을 밝히고 싶은 것이다
버팅겨 울고 싶은 것이다
너를 붙들고 위안이고 싶은 것이다
이 소소함이
이것이 눈부심이다

나에게로 온 그 어느 하루 외진 날

풀잎 나른 거리는 어스름 달빛을 비집고
나에게로 달려드는 바람 있었지
틈 사이로 비긋이
그 바람 한 줌 주워 날려 보냈지

자꾸만 들여다보고
자꾸만 지워져가는
역사의 틈에서 그건 기적일지 몰라
그 아름다운 길목에서
안이의 늪에서 순간의 생사였지

난 오랜 침묵의 벙어리였고
거기 묻혀서 늦은 걸음을 센다
이름을 센다

풀잎 사각거리는 해거름 창의 빛깔을 모아
나는 어두워지고 외진 날

먼발치에 선 그림자 몇

꽃잎이 진다

얼마나 좋은지 모른다

얽힘도 끊김도 없이
가는 것이다

그대로 하나의 현상 속에서 잇따라 연상되는 사유
나 아닌 것이 없다

철 따라 흔적 없이 가는 것이다
아무런 것 없이 역사의 귀퉁이
흩어져가면

둔치에 물과 바람이 놀다가 가고
그 위를 살포시 하늘의 달이 다가와

고요히 풍경을 만들고
정원의 침상에 바로 누워
포근히 잠들어가는 것일 뿐

얽힘도 끊김도 없이
그대로 살다 가는 것이다

해 저물녘

나에게 남아 있는 건 아무것도 없다
허허로운 것만 남아 비울 것만 남아
나의 마음이 물든다
산더미로 쌓인 허물들
어디부터 거둘 것인가
점점 폐허가 되어가는 나의 이력들
손끝에 베어진 가을 하나가 저문다
모든 살아 있는 것들은 떠난다
어둠만이 빛을 발하고, 에둘러 걸음이
더디다, 얼마나 더 머물러야 할지를
가늠하는 동안
아직 나는 서산에 떠 있다
몸 둘 바를 모르고,
사는 건 기다림이다
두고 온 너를 오직 마음 종종
애타하는 것이다 어둡기 전에
너의 발자국 소리 듣고 싶은 것이다

봄볕에 나란한 고양이

나른한 오후,
양지 수풀에 고양이 두 마리가
볕을 쬐고 있다
분명 한 마리인 줄 알았는데 카메라 확대경 속에
나란한 둘이다
애들은 가까이 가면 도망친다
마트에서 연어와 참치 통조림을 사 올 때까지 여전하다
근처에 먹이를 두니, 눈치를 보더니만 살살 기어 나와
먹다가 또 눈치를 본다
어미하고 새끼인 모양 둘은 떨어지지 않는다
여러 해째 밥 먹으러 오던 냥이가 올겨울 오지 않는다
애들도 양지가 좋은가 보다
오늘은 운 좋게 배불리 먹었으니 얼 집 가자
흘깃, 동백이 꽃을 피운다
어디에서나 생명을 키우는 지구
예쁜 모습들
아마도 신은 우리에게
우리의 분신들에게

우리의 마음에 있는 신에게 걸쭉한 사랑을
내려, 이 땅을 봄볕에 녹이리라
소망한다
자각은 내 마음속에 있다

봄이 오는 시간

봄이 내립니다
담벼락에 새끼 고양이가 어미를 기다립니다
꽃이 핀 듯 도드라진 예쁜 시간의 품
봄
볕

제2부

가끔은 그렇게 좋아라 했다

단비

소쇄 바람 젖는다 우두득
저 멀리 망월동에
빗방울 떨어지고
극진한 일상의 다다름일 뿐
시작이나 끝남도 없이 지나는 날들
나를 저울질하고

가끔은 그렇게 좋아라 했다
비집는
자작이 불을 지피는 붉은빛 가을이 온다
물방울 거리의 분노

온전히 깃들다

이렇게 살다가 가지 않겠는가
살아생전 문장 하나 남기기 위해
한 생을 허비한 열정이 이곳에 남아
사생결단 숨 가쁘게 살아온 지난한 삶
암석에 새긴 듯 어디서나 살아남아
후손들이 직시하고 관찰한다
새론 세상 꿈꾸는 것이다
오곡문 흘러든 물바람 가득하다
안으로 가득 차 비밀스럽다

소쇄원 투죽위교

마음의 눈이 깊어
글 한 줄 쓰지 못하였구나
날로 쇠잔해진 어머니 모시고 오니
힘겨워 걸음을 떼지 못하네
아슬한 다리
몸과 마음의 짐 내려놓고
혼자서
물바람 소리 듣는다
벌써 오래전 일인데
나 아직 남아 있는가
막막히 기다려보는데
빈 오동과 댓잎엔 소슬한 바람만 아롱인다
그 먼 날 내 어머니 모시고 왔네만
생의 기운 다하여
더는 언덕을 오르지 못하였구나
울숲을 지나 피안의 외나무다리
위태로울수록
매 순간
나 잊지 못하고 그리워한다

소쇄원 오곡문

돌아 흐를수록
가슴에 품은 뜻이 물밀어 온다

투죽위교 지나 몸과 마음 비우니
물의 흐름 잡념이 없고 맑디맑아

나 자신으로부터 이는
소리의 잔향과 마음의 경계

미혹이 없다
울림의 여운 푸릇하다

막지 않고 닫지 않아
안과 밖의 경계를 갖춘 담과 문

담장 아래 물길 굽이 돌아
조담에 이른다

소쇄원 조담(槽潭)

마음 다스려 털고 헹구고
걷어내고 근근이 소요한다
고요함에 정좌 나와 맞대면한다

넉넉히 흐르는 희망 하나
비밀을 꿰뚫으려는 듯
야밤 깊숙이

불 밝혀 책 읽는 산골 도랑
미미한 발길 도달치 않는 곳이 없다
잔을 돌려 시담을 나눈다

바뀐 듯 바뀜이 없는
내 것인 듯 내 것이 아닌
스스로 자아내는 빛의 혼

물길 모아져 맑고 깊은
말구유 모양 물웅덩이에
찌든 맘 몇 감는다

소쇄원 애양단

슬퍼지면 마음 따라 이곳 이른다
일찍이 어버이 떠나보내고
내 몸 성히 여지껏 속세를 누벼
자식들 장성하고 제 몫을 하니
어쩌다 소요자적 발길 다다라
손 모아 기대보고 어루만진다
병세 깊어 힘겹던 길 따라 오르던
유유히 한 쌍의 원앙 보기 힘겹다
양단의 뜰 자릴 넓혀 시린 몸을 데운다

소쇄원 담장

흙담벽에 쪼그려 볕을 쬔다
몇 번이나 왔던가 나는 없다
꿈속을 가로막아 높이 솟은 푸른 가운들
마음 다져 쌓아 올린 존재 꽁꽁 안아
그간의 모든 것 부서뜨린다
오로지 은일과 기다림의 축적
귀청을 뚫고 개안하는 까막한 울음
가마는 없고 흙과 돌로 엮은 담장의 풀이끼
날은 가고 효의 근본을 새긴다
걸음걸음 낡은 기억의 회향
무의식의 심연, 통찰에 근접한다
위기마다 몸부림하는
불허한 역사의 냉매
기와를 얹힌 흙돌담이 각으로 세워져
북풍을 막고 빛들 모아진 곳
문이 없어 누구나 마음 들이고
흙담벽에 기대어 몸을 녹인다
눈은 녹고 자취가 없다

소쇄원 광풍각

소쇄 바람 듣는다
물과 달이 하나이니
어긋남이 없다
옛 시간을 막연히 기다려보는데
소란소란 흐르는 물살
이곳 외진 곳에
물과도 같고 바람과도 같다

소쇄원 제월당

오랜 시간 속
나는 어떤 모습일까
비추어본다
달빛 너머 무등산 자락 물밀어 오는
비출수록 무아의 세계다
나로부터 일어나는 반향
마음 달랜다
못 이룬 꿈 하나 묻히어 있다
소쇄원도를 그린다
하서 김인후의 48영을 따라가면
가슴에 품은 뜻
온통 서리다
생생한 기품 할 말들 녹아
고고한 절개 자아낸다
필사의 정신 다진다

소쇄원 대봉대

발길 멈춰 내어다본다
태고의 모습을 껴안은 고고한 절개
한눈에 조망한다
계류의 물소리 또각또각
별서원림 소쇄처사
소소하고 간소하다
풀로 지붕을 얹은 삿갓 모양 초정
꽃 피운 배롱나무
한가롭다
난간에 기대어
오시는 손님마다 내어다본다
어진 이를 기다린다

묵객, 울울

물바람 거슬러
옛 시간을 만져보는 것이다
지루할 틈도 없이
적막이 더할수록 나를 다독이는 울울
꿈의 소리 듣는다
기억 속 물방아
만물은 직립하고 분주히 움직이는 생명들 사이
피눈물 뿌린다
바뀐 듯 퍼붓는 불그스름
물은 깊은 곳에 고요를 만든다
한 생이 간다

소쇄 바람 인다

바람에 날려 떨어지는 잎을 본다
길은 있어도 막히고 보이지 않으니
산수의 소리 듣는다
뜻은 물속 바위에 어른거리고
홀로 앉으니 천지가 닿는구나
조곤조곤 감응하고 아로새기니
배롱나무 꽃 피워 마음 사뭇다

제월당에 머물다

어머니 가슴으로 물밀진다
무등을 넘어와 넉넉히 마음 비추고
깊숙이 해맑은 기억 새기는데
주위 사방 발길 그립다
어루어 애써보는데 쉼쉼이 가라앉는
계류의 물바람 잠드는 듯 드문하다
조각조각 물드는
가까울수록 멀리 퍼지는 음울
고운 마음 스치어간다
사림, 그 향기 물씬 풍겨
학문과 독서의 곳간, 역사의 모태
이제 돌아와 어머니 품에 안긴다
물빛 머금은 달빛 능선 어둠을 밝히고
한 섞인 풍류의 그림자
또박또박 세월의 흔적 새긴다
비바람 걷힌 제월당 마냥 푸르다

이처럼 기다려본 적이 있는가

앞도 뒤도 없이
암묵적 기억 속
한 자락 올곧게 자리 잡았다
비 온 뒤 모아져 쏟아지는 급물살 무늬
소쇄 바람 운다
다가설수록 경계를 지우는
내 맘속 지우지 못한 울음 하나
달래우고 또 달래우고 달래우고
이렇게 또 나를 달래우는 바람 울숲
나를 달래는 것들 수없다
여전히 폭포로 환원되는 무의식의 결원
있는 듯 없는 듯
물바람 혼의 소리 듣는 것이다
청량한 소쇄 바람 듣는 것이다

더할 나위 없이

기품과 조화로움이 한결같다
숨소리도 나직이
이루지 못한 꿈 하나 서려

곳곳마다 발길 그치지 않고
울숲 빼곡히 바람 인다

나를 돌아본다
묵묵히 이곳을 지키고
그 품에 안겨 해맑다

제3부

저 바람 나를 흔들고

오월 은행나무로 서다, 김향득

예쁜 꿈, 이 지구상에 가장 거대한 꿈을 가진
오월의 은행나무 김향득, 너는 가지 않았다
항상 그 자리에 서 있다
어제도 오늘도 내일도 오월을 지키고 있다

그 눈망울 그 순수한 눈빛, 마음속에 응어리져
금빛 눈물 그렁그렁 떨어질 듯 떨어질 듯
가지런하고 반듯한 그 모습
언제 오려나 다시 오려나

아쉬워, 옛 전남도청 본관 앞 총상 맞은 은행나무,
그 탄흔의 상처를 마음 애타 어루만지며 내게 말했다
난 기억해 그 애틋한 말의 기억 너무 힘들어
말끝 잇지 못하고 터져버린 울음

뚝뚝 눈물이 진다
노란 은행잎 진다

언제나 어디서나 항상 그 자리 너를 만난다
오월 사적지 표지석 어루만지며
그 눈망울 그 눈빛 눈물이 맺혀 땅을 저시고
잠 못 이뤄 애타 또 새벽잠 서둘러 현장으로 향했다

그곳에 가면 너를 만났다
옛 전남도청 앞 은행나무 탄흔 흔적 불거진 상처
어루만지며 너는 오월로 서 있다
오월의 은행나무로 서 있다

마음이 시리고 아파
오월 은행나무가 되어 떠났다
너의 혼 한 줌 은행나무에 머문다
탄흔 자국 어루만져 내게 말했다

말간 해맑은 웃음 지으며
그 눈물과 미소와 웃음을 기억하지
맘속 숨은 그 고뇌 나에게 말했지

너는 오월의 은행나무가 되었고

홀로 외로이 길을 떠났다
5·18 소년 시민군 출판 기념 행사가 있어
새로 옷 한 벌 사 입고 어떠냐고 좋아라 했다
마지막, 내가 본 마지막이었다

예쁜 꿈, 이 세상에서 가장 아름다운 꿈을 가진
오월의 은행나무 김향득, 너는 가지 않았다
오늘도 그 자리 오월의 은행나무로 서 있다
오월의 꿈으로 서 있다

희망의 서사, 홍성담 1

어쩌다가 시대의 비운을 한 몸에 담았다
저 먼 섬 순수한 그 빛
바다의 푸른 낭만으로 살다가
시(詩)의 여린 감성으로 살다가
뭍으로 나와
그의 붓 가는 곳마다 시대정신 한 몸에 붙안고
얼마나 몸부림쳤던가
어디 편한 잠 한번 자본 적 있던가
꿈마다 무의식의 환몽 속에서
우주의 신비 그 비밀의 숲에서
버티어 나갔다
이제 큰 뜻 품어 예술적 완성을 이루려 한다
아직도 이 땅에
작품이 전시되지 못하고
어찌 자유와 평화를 얻겠는가
통일의 꿈 이루겠는가
막 잠들려는 이 순간
그의 전시 작품 폐쇄 소식을 듣는다

참 암담하다
내가 커 나온 이 땅의 현실을 목격한다
꿰뚫어 알뜰히 소소히 적어나갔다

희망의 서사, 홍성담 2

무의식적 심연에의 차가운
얼음 쪼가리
극한의 고통 속에서
멈추지 않는 불굴의 예술혼
그의 보드라운 저항 의지를 본다
숨죽이는 봉인된 삶의 궤적
35년 만의 판화 귀환 소식에서
그의 첨예한 환영, 꿈의 세계를 본다
애써 견뎌온 봉인된 시간은
상처를 꿰매고 치유하는
희망의 서사, 깊은 울림이다
역사의 망루이며 진혼굿이다
꿈의 이룸이다

무등산국립공원

광주호에서 지실마을 가다가 바라본,
빗방울 한둘씩 눈물처럼 차창에 얹는
바람 고운 날의 오후 서너 시
언짢은 일도 가벼이 떠간다
우둑우둑 예상되는 빗발에도 나서길 잘했다
아늑하고 포근하다

총부리를 거두라, 안병하

그리도 오래 걸렸을까
세월이 난무하다
아무도 관심 없어 한동안 암묵 속에
잠재되었다
어둠의 기억을 되집어,
평온의 기억은 없다
어느 날 건물 벽에 걸린 현수막에서
그의 이름을 보았다
그리도 오랜 세월, 동안
진실을 알린 이가 있었기 때문이다
마음이 아프다
할 일이 태산이다
45년이 지난 지금 그는 완전한가
나라는 무엇 하고 있나
역사를 바로 세우라
그가 진정 원하는 게 무엇일까
소소한 일깨움으로
잠을 이루지 못하고 뒤척인다

그의 유족을 볼 때마다
마음 미안하다
어떤 희망을 기원한다

내가 마주한 조태일 시인과의
마지막 대화의 밤

해마다 이맘때면
꽃무릇이 파릇 피고
내 가슴속에 새 한 마리 운다

낼은 방사선 검사 받으러 가는 날
속엣것 다 비워내고
몸엣것 다 털어냈지만

심장 깊숙이 다 토해내고도
몸을 부서가며 말하려고 했던 것
맘속 그것 하나

그 깨알 같은 쪽지를 손에 들고
토해내었다 시대의 의문들
아니다 아니다 크게 분노하였다

내장에 든 밥알 하나라도
뱉어내고 싶었던

그날 밤 그 울분을 나는 안다

이제 나의 비망록이 되고
잠 한숨 들 수 없었던 그 뜻은
중요한 자리마다 그리움을 낳았다

날, 칼날

이제야 비를 몰고
문을 닫는다

너의 이름을 땅에 묻고

비명을 지른다
너의 코, 눈, 입, 종이 쪼가리에
반듯하다

나는 죽고
일어서다 죽고
그래도 다시 일어서다
또 죽고

나는 이렇게 살아서 또 운다

틀어막은 입
무서워 두 눈 탈탈 털린

거렁뱅이

서슬 푸른 총부리 마구 들이대는
어디에서든
이렇게 살아남아
또다시 눈물도 없이 운다

취가정의 봄, 김덕령

여기로 오세요
다하지 못한 꿈이 있어요

아무도 없는데 발길 멈춘 곳
새가 날고 온갖 꽃들 지천에 피어 오르고
누구라도 여기로 와요 그의 노래를 들어요
파릇파릇 세상이 밝아져와요

골 깊은 옥답, 무등산 산 그리메
둘러앉아 숨소리도 나직이
무등산 옛길 오르노라면
세상이 보여요 손 내밀어 말을 걸어요

무기를 만들고 무예를 익히던
의와 충과 효의 시원 김덕령 생각
억울함이 곳곳에 뿌리내려 실개울이 흐르고
민담과 전설로 그 흔적 되살아나

멀리 무등산 뜀바위 달그림자 안아보면
언뜻 스치는 구슬픈 한의 소리 숨죽여 듣는
봄 동산의 작은 거처

여기로 오세요
다하지 못한 꿈이 있어요

『유서석록』 지은 고경명

피는구나 피었구나 내 사랑 무등산 서석골 위에
수정 병풍 아롱진 참빗살 모양 그리움의 혼
이름 하나 꽃 피었구나 세상을 이루었구나

내 마음 아파오고 그대 떠오르면
오직 한 줌 눈물로 나라를 지키는 일이라
어찌 몸을 아끼겠는가 올곧게 일어서리라

그 마음 모두어 의병을 모아
비처럼 구름처럼 모두 일어나리라
말에 올라 맹세하는도다 마음을 다져 항거한다

새가 비상하듯 날개를 펴고 날아올라
있는 힘을 다하여 내던진 충정
꼿꼿한 서석대 하늘을 닿을 듯한 그 이름

압촌동 백발의 선비 시를 짓다가
마음의 소리 따라 의병을 모아 나라를 지키었다네
그의 혼 장성 영천리 방울샘 묘역에 묻히었다네

미얀마의 봄

나는 지지 않아
곧 피어날 거라 믿어
겨울을 딛고 얼음장 밑에서
돌담 사이로 빙벽을 오르는
찬 눈 속의 홍매화를 보았지

피로 물드는 미얀마
죽음의 영웅을 보았지
어둠을 지나
아름답게 피어날 거라 믿어
승리를 믿어
뚝뚝 떨어지는 꽃잎들 일어나
열매를 맺고

새 세상을 이룰 거야
우리 세상이 올 거야
미얀마 미얀마 미얀마
무등의 봄이 온다
미얀마의 봄이 온다

저 바람 나를 흔들고

나는 다시 어디로 가야 하나
오월, 한 아이가 울고 있었네
드넓은 대지 한 어둠의 치맛자락
끄덩물고, 꼿발로 일어서다가
세상의 한 귀퉁이에 곤히 잠이 들었네
그곳에 꿈이 있었네 뿌연 안개 속
세상은 너무도 어둡고 아름다웠네
날 집어삼키고,
세상은 너무도 넓고 먼데,
하늘에선 비가 내리고
천둥 바람 세차게
저 바람 나를 흔들고
그렇게 나는 울고 있었네
아직 그 꿈,
그 울
보듬어 안고 길을 가네
한 어린아이가 울고 있었네
일어나, 어딘가로 떠나가야 할

넓고 넓은 운동장 모서리

그 이름 찬란하게 멀리서

아련히 동이 터오고

멀어진 어미 손 꼭 잡고

자리에서 일어나

자리에서 일어나

어둑어둑 운동장 담벼락 아래

한 아이 쪼그려 앉아 울고 있었네

예쁜 꽃 몸서리치게 피어나고 있었네

설날 아침, 팽목항에서

한번쯤 서보아라 끝이 어디인지를
손을 뻗어 만져보아라
거칠게 사라져가는 이어지지 않은 경계
해진 옷깃의 바람으로 눕는 동안,
떠나버린 너의 얼굴이 사무치게 그리워서
천지는 울음이 되고
차갑게 식은 떡국 한 그릇
너에게 너에게 너에게 안긴다
마음 한 조각 이제 살려달라고
자꾸만 다가오는 저 물살
안아줄게 내가 안아줄게 내가 껴안아줄게
이제 그만 돌아오렴
차갑게 식어 더는 데워지지 않아
타오르는 물밑 자꾸만 꺼지려 뒤뚱거리고
거멓게 움츠러드는데
등대 아래 쪼그려 우는 찬란
피어올라라
누구라도 일으켜 세우라

꽃으로 피어라
안개꽃 한 아름
우리들의 체온이 모아져
하늘이 되고 별이 되고
거대한 지구가 되고
나는 또 눈물로 흐르고

귀를 열어, 하늘을 보라
― 하제 팽나무

와 보라, 여기 다시 내게로 와 보라
이제는 다시 여기로 오라

조개껍데기가 산처럼 쌓이던 곳, 어패류 위판장 포구
하제에서 나서 하제에서 자라 풍요롭던 곳
집집이 방을 세놓고, 제사도 지내고 차례도 지내
풍물도 치면서 하루벌이 거뜬했던
택시도 화물도 쉼 없이 드나들던
사람 사는 마을에 탄약고라니,

미군 기지를 짓고 군사 무기를 팔고
땅을 뺏고 쫓아내고
모두가 떠난 하제마을의 길고 긴 싸움에
600년을 살아온 팽나무가 존재를 드러내었다
굴곡진 불굴의 나무 그건 신의 형상이었다
우리 민족의 굳건함이었다

와 보라, 와서 보라

신화의 숲, 옹기종기 은밀한 얘기 도란도란 낮게 앉아
작은 생명의 소리를 들어보라

땅을 돋워 일구고 피우는 우리의 자존
보듬어 안아, 더는
올곧게 일어서는 것이다, 푸른 깃 휘날리는 것이다
우렁차게 광휘의 하늘, 빛을 세우는 일이다
겨울의 눈보라 이겨내었던 옛 어른의 가르침을
회상하는 것이다, 새겨듣는 것이다

다시 바닷물이 출렁이는 곳
배를 정박하고 조개, 백합, 수북이
물밀어오는 하제마을 팽나무 광장
여기 천의무봉 한아름 둥지
바람 일렁일 때마다 떨군 생명의 이슬
눈물의 방울들 모아져

나뭇가지 숨, 소리에 꿈을 키우며 자라난 우리

네가 자라고 새가 꿈꾸고 하늘이 와 닿아, 환희의 세상
온몸의 눈, 대지의 잎, 혼을 달래는
정확하게 느끼고 바라는 언어
군산시 하제마을 팽나무 광장, 생명 평화 축전
신비의 숲 근원의 공간. 이제는 생명이고 평화다

와 보라, 여기 힘차게 눈을 떠보라
귀를 열어, 하늘을 보라

코로나 정국

교사는 교단을 떠나면 선생님이 아니다
방과 후에도 아이들과 함께한다
눈에 그린다
눈을 뜨면 제일 먼저 출석을 체크하고
아이들의 동선을 파악한다
함께 울고 웃고 매일 그렇다 밤낮없다

의술은 천명이다
인간의 생명을 담보로 한다
어디에서나 어느 장소에서나 아픈 자와
함께여야 한다
의사가 환자를 회진하는 시간은 몇 마디,
그 몇 마디를 듣기 위하여 종종거린다

나의 어머니도 아버지도
우리들의 어머니도 아버지도
병중이다
나라는 온통 빗장을 걸고

발열을 체크한다
커피 한 잔을 테이크아웃하여도
죽 한 그릇 구하려 해도
전화번호를 적고 때로는 개인정보 공개에
동의해야 한다

우리는 지금 모두 아프다
눈 뜨면 쉼 없이 안전안내문자를 받는다
확진자 방역 소독 끊임없는 문구들
의술이란 의술이 총동원되어
이 난국을 승리해야 한다
우리는 빨리 통일해야 한다
너무도 안일하게
이 지구상에 하나밖에 없는 온전한 개개의 생명을
어떠한 이유로라도 겁박해서는 안 된다

나의 어머니도 나의 아버지도
병원에서 잃었다

날밤을 새워 담당의를 기다리고
회진 시간에 극히 상투적인 몇 마디
나는 나의 눈에서는 뜨겁게 분노했지만
내가 시인이라서
이 지구상에서 가장 가난한 시인이라서
나의 심장은 그렇게 비참히 녹아내리고
나는 시 한 줄 쓰지 못했다

지금은 비상시국이다
온 나라 온 지구상이 내 가족 내 형제가 울부짖는다
말없이 타오르는 용광로 보지 못하는가
그럴 재간으로 의술의 힘을 확장하자
내 어머니 내 아버지의 안온을 먼저 위하자
그것만이 살길이다
우리는 과연 이전으로 돌아갈 수 있겠는가

시 한 줄을 위하여 밤낮없이 읽고 쓰는 시인들처럼
의술 또한 부단히 노력하여 생태계를 앞서가야 한다

지금의 이 난국을 극복해야 한다
우리는 빨리 통일해야 한다

히포크라테스의 선서
얼마나 거룩했던가

나의 어머니가 나의 아버지가
냉동되어지는 그 순간 나의 온몸이 마비되었다

내가 살아 있는 동안
나는 시를 쓰고 싶다
통일을 보고 싶다

의식불명인 나의 어머니가 나의 아버지가
눈꺼풀만 움직여도
손끝만 까닥거려도
나는 살아 있는 거라고 우겼고
의사는 무의식 반사 반응이라고

나의 모든 희망을 거둬가버렸다

어떠한 난국일지라도
교사는 아이들을 떠날 수 없고
의사는 환자를 떠날 수 없다
이는 천명이다

은목서 향기 드날리고
― 한 서린 교정에서

늘상 빛 하나를 물고 와서 천지를 진동하는
은목서 향기를 보았는가
나는 그대의 살진 음성 위에 바람을 보태노라
길은 늘상 바로잡아 곧바로 서며
울며 울며 뼈저린 고통을 견뎌온 기나긴 천륜이었다

발걸음 놓일 때마다 오로지 눈부신 역사의
한 켠에 살아
무섭게 숨 쉬고 있는 빛깔과 향기
서러운 역사를 읽는다
어디쯤에서 열차의 경적을 울릴 것인가
아픔의 산고를 치렀던가

자꾸만 사라진 기억 속에서 이제는 가난만 남아
파편된 뒤안길에서
이제 너만이 남아 시대의 한을 짊어지었다
가슴으로 울었다 우리의 정적

다시 희망으로 외쳐야 한다
내가 살아 있고 우리들이 목숨 바쳐 옥고를 치렀던
시대의, 맑고 티 없던 생명의 한순간 아로새겨
우리는 살아왔다 그 이름 위대한 스승 나의 은사

길이 뒤엉켜 갈가리 흐트러져서도
우리는 거세게 휘몰아지는 강물로 모아져
곧 바다로 이룰지어다
샘 솟을 희망 진동의 향기 욕망의 갈 길
행복을 눈앞에 두고 우리 함께 모아진 이곳
자라진 모교 다시 일으켜 세운다 영원하라

아, 하늘은 우리들의 하늘은
— 광주 학동 참사

꽃발로 서본다

뜀박질로 네가 올 것만 같아 내게로 내게로 올 것만 같아
 살얼음 지는 유월의 빙판길 어딘가에 네가 있을지 몰라
 나를 묻지 말아요 죽었다고 말하지 말아요 난 아직 살아 있어요
 생의 마지막 순간을 기억해요 운림 54번 시내버스
 2021년 6월 9일 오후 4시 22분, 짓눌린 버스 안에 갇혀
 난 어디론가 사라졌어요 난 집으로 가야 해요
 내 가족의 품으로 돌아가야 해요 맑은 새소리 밤새 칭얼대고
 둔덕마다 아롱진 꽃들 온통 울음뿐인 밤
 어딘가에 네 음성 들려만 오는데

불멸의 시간, 불멸의 기억

사라지지 않아요 눈을 감아도 눈을 떠도
 어떠한 것도 바라볼 수 없어요
 바람으로도, 숲의 음울로도, 나의 귀는 어두워 차마 들을

수가 없어요

　어찌하나요 이렇게 곱디고운 6월의 연푸름,
　길목마다 수국이며 자귀꽃 펴오르는데
　심장이 멎고 하늘도 눈을 감아 울어버려요
　해도 달도 문을 걸어 갈피마다 당신 발자국 듣는데,
　이제라도 창밖 여울져 품안 자락에 껴들 것만 같은데,
　형형색색 그리움의 나라에 아무런 소리 들리지 않아요

　우리들의 가슴은 어디에 있나요
　우리들의 심장은 어디에 있나요
　여린 하늘이었다가 매섭게 우는 저 비명의 처연
　숨결이 바람결이 나의 곁을 휘돌아 달려갑니다
　이렇게 시간이 모지게 버겨운 날이었습니다

　꿈의 시간들, 날아오른다

우리가 살아 있다는 것은 몸서리치게 아름다운 일이다
걷는다는 것, 숨결을 느낀다는 것

절망 속에서 우리가 빚어낸 거룩함이다
각자의 자리에서 일상을 즐기며
우리는 날마다 날아오른다
그렇게 업적을 이루며 꿈꾸는 것이다

위태롭게 살아가는 우리
우리는 얼마나 평화로울 수 있는가
꿈의 시간들 함께 공존할 수 있는가
꿈의 물결, 그것이 우리가 지망하는 사랑인 것이다

아무도 없는 뜨락, 아무도 없는 폐허의 집
무음의 바람, 얼마나 악독하고 지독한 형벌인가
누구도 지하의 땅속에 가두지 마라
우리들의 고귀한 영혼을 해죽이지 마라

우리는 함께 가는 것이다 내가 생각하는 추상과 느낌
하나일진대 그와 내가 한 몸일진대
우리는 공기로도 바람으로도 숨결로도 호흡으로도 만나

는 것이다
 얼마나 애태워 기다렸던가
 한 번만, 눈꺼풀 한 번만이라도 떠보시라고
 손끝의 차가운 온기 한 번만 뿜어보시라고
 그대의 숨결, 한 번만 단 한 번만 품어 안고 싶었지
 그것이 위대한 것이라고
 마지막을 그렇게 떠나가시었네
 아, 하늘은 우리들의 하늘은 눈감으시었다
 이처럼 볕도 빗물도 내리지 않아 세상은 나의 시간은 멈
춰 사라지지 않는
 불멸의 기억이 되었다 어찌 꿈으로라도 바람으로라도
 숨결로라도 아니 오겠는가
 그 시간들이 우리에게 영원히 살아남지 않겠는가
 우리에게 위안이고 희망인 것을 우리는 안다
 하늘은 우리들의 하늘은
 맑은 해를 쏟다가도 가끔씩 흔들려 우는 하늘은
 망연자실 **뼈**를 깎는다

이름도 표지석도 없이, 오월 1

이슬 엉긴 바람 자꾸만 사이사이
내려앉아
바라다뵈는 것마다 눈물이 맺히는 것은
바람 물결 흔적 없이 묻혀간 그들 때문이다
이름도 표지석도 없이 가까스로 살다 간
이름 없이 묻힌 그 이름 때문이다
묻힌 그 자리,
단지 내가 기억하는 것만으로
나는 잠재 속의 그를 일으켜 춥지 않도록
마음의 이부자리 깔아주고 싶은 것이다
앞설 것도 없이 내 앞서간 이름들 위에
나는 희망의 빛살 떨구고 싶은 것이다
청랑한 울숲 뜰에
잠시나마 너의 이름을 새기고 싶은 것이다
그것이 비록 소소한 일이라 해도
아직 내가 살아 있다는 것만으로도
죽어간 너의 이름들
희미한 흔적을 되짚어보는 것이다

그렇게라도 기억하고 싶은 것이다
자리마다 고인 핏빛 눈물
무등산 서석대 바위마다
그 이름 가만가만 새겨보는 것이다

오월 광장을 누비다, 예제하

예제하 예제하 예제하 님을 만났다
비오는 날 광주, 끝내 마스크를 벗지 않는다
'자주 현장에서 아픔을 달래주는 시 듣고 싶네요'
학동 참사 1주년 현장에서 만나
읊은 시 전문을 언론에 게재해주었고
시집에서 「소쇄원」이란 시가 유독 다가왔다며
라이브 방송에서 연속적으로 호명해주던
그의 다감한 음성을 더는 들을 수 없다
행사 뒷자리에서 본인 사진은 안 찍는다면서도
자세를 취해주었고, 웃음 띤 얼굴로 바삐 현장을
떠나곤 했다 이제 어디에서 만날까
학동 참사 현장에서 5월 민주광장에서 음악 방송에서
그 모든 기억을 안고 먼저 가는구나
우리 시대가 막 가는구나 마음이 아리고 아프다 많이
귓가에 여운이 남는데 예제하 미안하구나
오월 광장을 지키던 거리의 기록자
예제하 본명 양동금
푸른 잎 지고 슬픈 오월만 남네

제4부

봉산현 뜰 앞 이수의 묘도 그려본다

내 기억의 터, 본향

오월의 어느 아침이었다
눈물이 마르고
그 이름 위에 사위어가는 담의 벽
그리워지는데
이젠 누군가 내 그림자 밟고 서 있네
뜨락의 발자국 소리
어디에든 콕 박혀 있는 울음
누구라도 부둥켜안는 맑은 영혼
돌아누워 뒤척뒤척 맑은소리 듣는다
눈자위 스러져가는 너의 걸음을 본다
무음의 환영
다시는 돌아오지 못할 본향
자라뫼마을, 그 먼 날의 음율

나라의 길이 막히고

이를 어쩌나
온갖 나무와 꽃 끝이 있고
나 또한 죽는데
본향 찾기 어림없다

이수의 묘도
맘속 오려 외운다
봉산현 초구방 어은현의 언덕
묘지 앞의 비석과 물 맑은 어수정

비바람 막지 못하는 적막한 집
빈객의 청빈한 삶 걱정하여
임금이 특명으로 하사한
봉산 서쪽 주위 사방의 땅 사십 리

어버이를 친히 하고
충과 효의 봉산 이씨 가문 새기는 일
이문정공 후손으로

노령 이른 숲 언저리에 홀로 헤아린다

나라의 길이 막히고 국토가 반쪽이니
봉산의 무덤길 어림없다
세종의 스승 심은 이문정공의 살던 집
봉산 집 뜰 그려본다

경인수세 충효전가

마음의 고요에서 길을 찾는다

장성 만무리 부동 죽림서원에서
황해도 봉산군 초와면 관혜리
문정공 이수의 출생지를 본다
초가집에서 거문고를 타며 살았다

경인수세(敬仁守世)
경건하고 인자하게 처신하여 세상을 지킨다

충효전가(忠孝傳家)
충성과 효도로 가문을 전한다

불천위 제사
문정공 이수의 삶과 행적
문학적
유산으로 이어져

장성 죽림서원에서

나 또한 아는 바가 없다
허나, 한생을 끌어와 살다 가면서
어찌 본향을 찾지 않을까
나이 들면서 부모님 일찍이 돌아가시고
이제 와서 서책을 들여다본다
임금과 신하 사이
세종의 스승
시와 문이 불타고 흔적이 미미하니
나 여즉 그 업을 알아가지 못하였다
이제 와서
다 아득하다
비바람을 막을 수 없으니
한을 품고 통곡한다
그나마
사당을 짓고 제를 지내니
그 빛을 드러내지 않은가

이문정공 실기

세종의 스승 문정공 이수
봉산 이씨의 시조다
일찍이 생원시에 장원으로 합격하고
경명행수,
스승의 자리에 이른다
빈객의 인품 훤칠히 빛나
난새와 붕새
학술과 문장으로
교목세가라
세종의 묘정에 배향 왕과 신하의 제사를 같이 지내
세상의 우러르는 바가 되었다
현명함이 드러나 스승과 일체가 되었다
꾸밈을 좋아하지 않은
우아한 지조로 공적을 이루었다
문장에 꾸밈이 없고 시와 서를 일과로
눈과 귀를 빛내니
이보다 더 앞설 수 없다

모화루 응제, 도화시

시와 문,
학술과 문장으로 이름이 있었다

자손들이 흩어져 장성 땅에 이르고
난리를 겪어 불타 남겨진 문헌이 거의 없다

생원시에 장원 합격하고
벼슬 없는 사람으로 일찍이 세종대왕의 스승이 되니
진정 그 이름 열과 성을 다함이다

한 가지에서 세 가지 색의 꽃이 피는
복숭아나무의 아름다움을 표현한 시가 단연 돋보여
세종은 기뻐하며 어사주를 내린다

그 핏기 없는 얼굴, 이준규 1

이제는 외쳐도 될까요
그 이름을 알까요
1980년의 오월, 목포를 기억합니다
세종의 스승 문정공 심은 이수의 후손으로
신군부 명령을 거부하고 시위대에 발포하지 않아
비폭력적인 저항으로 불의에 항거
생을 다하였습니다
지나온 세월 축적된 함의
최악의 모진 고문으로 기력 잃은
그 핏기 없는 얼굴을 기억합니다
보이는 것마다 눈물 아닌 것이 없는데
아무런 말도 못하고
아무런 말도 할 수 없어
웃기만 했지요
그렇게 마주했지만
암묵적인 그 고통은 아직도 저려옵니다
가족에게조차 아무런 말도 못 하고
숨을 거두었지요

세상은 고요로 침묵했고
참 많은 시간이 흘렀습니다
이제 목포역도 고하도도 한가롭게 빛나고
눈부시게 아름답습니다
한 가정의 가장으로
그보다는 시민의 생명과 평화가 먼저였던
그 마음 새겨봅니다

역사를 바로 세우다, 이준규 2

총을 거부하고
무기를 소산, 배에 싣고 고하도로 향했다
이순신이 머물렀던 곳
원대한 꿈을 가진 푸른 바다,
일관된 암묵적 기억, 이준규 그의 결기
일촉즉발 목포역 광장의 엄청난 인파
총부리를 거부하고
끌려가 무려 90일간의 구금과 고문,
파면으로 이어져
후유증으로 숨을 거둔다
그의 충성 없는 저항
역사를 바로 세우다

이 뜻깊은 자리, 이영규

망연하다
이 뜻깊은 자리
제106주년 삼일절
독립유공자 표창을 받는다
이영규 선생
1911년 전남 장성 자라뫼마을 출생이시다
노령 방장산 지나
고창고보에 다니다
1929년과 1930년
동맹휴학과 광주학생독립운동을 계획,
체포되어 옥고를 치른다
평생 가난과 고단한 삶을 살다가
세상을 뜬다
이제 더는 여한이 없을까
전쟁의 격전지였던 오현 고향마을
문정공 심은 이수의 후손이다

국가, 자라뫼마을

내가 첫울음을 울었을 때
나의 광장에
총알총알 눈을 뜨고
나는 부끄러워 꽃잎 속에 숨었다

어미 손을 붙잡고
1960년대의 강을 건널 때
원숭이 놀음에 길을 잃고
억수처럼 세상은 갈라져
오지게 난 신작로 길은 사각거렸다

내가 살던 유년의 젖줄
우주로의 행방
슬며시 들춰보는 뒤란의 거대한 계보
나는 여아였던 걸
이제 와서 붉은 줄 그어본다

길 찾아 헤맨들 휴전선 가로막고

돌아서 사라져가는 걸음의 촉매
눈물은 무슨 소용이랴 사소히 다투지 않는 아픔
아, 참 많이 바뀐 나라의 담벽 그늘에 꽃이 핀다
녹슨 철조망 뚫기 이렇게 어렵구나
한평생이구나

시를 입에 물고 태어나

나의 어머니를 묻고
나의 아버지를 묻고

시의 문단에 나의 누더기 시 한 줄 걸치지 못하고 살았다

내가 태어난 방은 불태워졌고
내가 살아온 방은 허물어졌다

그날은 어디에 있을까
내가 살아온 날은 어디에 주소를 두었을까
어디에서든 나의 방은 어두웠고
백열등 필라멘트는 떨어져 있었다

나의 차지가 되지 못한 등잔 밑
나의 허방

쓰고 지우고 쓰고 지우고
한 생이 갔다

아직 사라지지 않는 희미한 불을 본다

나의 시의 근원은 본향이다

살아서 한 번도 볼 수 없었던
시의 연원

송두리째 나를 마셨다

나의 아버지

호스피스 병실 옥상에 목을 축이러 나오신
어머니의 빼빼 마른 발목 틈 복숭아뼈 사이로
아버지의 그림자가 지난다
엉덩이뼈마저 후줄근 힘줄을 드러내고
올곧은 유언이 담긴다
마지막 혼불이 나의 등 뒤로 뿜어지고
사방은 찬란한 고요다
무슨 신호일까 울음도 없는 그날 밤 어스름의
기억 속에 새벽은 잠잠이 귓전에 희뿌옛하고
나의 꿈을 이었다 어머니 가시고

내가 살아 있다는, 그럴 때마다
심장은 울컥거렸고, 영안실의 암묵적 기억

마지막 목숨줄 놓으실 때까지
문장 하나라도 더 남기고 싶었던
문학인의 엄격한 자세를 보았다
쇠약해 헐거운 자신의 체격보다

더 무거운 국어대사전을 꼭
품으시고 책상에 글을 새기시던
세종의 스승 이수의 후손으로
충과 효를 가문으로
평생을 교직에 몸담으셨다

길 하나가 남아, 장성 갈재

홀로 가는
뜻깊은 사랑이었어라
너에게로 가는
외진 그리움이었어라
아직 길 하나가 남아
언젠가는 만날 우리
움 돋아
이제 너만이 남아
눈앞에 우뚝
전설 속 미인 바위 갈애의 눈썹
바라뵈는 능선들 역사의 함성 휘몰아
걷고 또 걸어보며 그 사내
너만을 위하였구나
여기 길 하나 남아
가야 할 나만의 길 하나 남아
병풍산 병풍바위 드러낸 얼굴
내 살아서, 죽어서 만나는구나
해도 달도 별도

온갖 세상이 하나로구나

길 하나가 남아

정상에 비바람 맞는다

원덕 미륵불 사내

오로지 너만을 생각하는다

그 눈[雪]이 좋아서, 빙판길 낙상

1

숨겨야 할 비밀이 너무 많구나
왼쪽 팔목이 부서졌다
날마다 운동 삼아 다니던 동네 마트에
덤으로 주는 마스크에 붕어빵을 얻으러
조심조심 눈밭길 골목을 지난다
어제저녁부터 벌겋게 쏟는 그 눈[雪]이 좋아
눈발이 좋아
어스름한 빈틈 길목을 바짝 쓸어낸다
얼마만인가 남도땅에서 허벌쩍 내리는 눈을 마시며
까막눈을 뜬다
허옇게 쌓인 눈밭에 발도장 찍으며
집 앞의 길을 새로이 만들고
길 따라 골목 마트 계산대 위에 두부와 야채를 올려놓는다
뒤뚱거리는 산발적 어둠
어둑한 골목에 들이미는 차량 피하려다 살얼음 진
저녁 늦참의 발디딤, 나뒹굴어 천추에 금이 갔다
작살이 났다

2

내가 모르는 사이 수술은 끝났다
잠든, 세상은 경이롭고 밖은 한가롭다
무슨 일이 있었던 걸까
칼칼한 목 내가 없는 사이 내가 없다
먹고 자고 시지푸스처럼 또는 온화하다
블랙아이스, 믿고 허락했던 틈을 반격
꼬인다 얼척 없이 다가선
혼란의 카오스 범벅

3

내가 가진 것들 허무뿐인데
그 이름을 새긴다 돌아눕다가
너를 본다 다시 오지 않을
안과 밖 나는 너를 바라보다가
그렇게 사라져서 다시 내게로 왔다가

또 간다 이 문을 나가면
너는 가고 나는 남는다
이 지구에서 견디는 시간 살가움

   4

쎈 진통제와 항생제 기본 10알을
투여한다 왼팔엔 깁스 오른팔엔 링거
줄어들지 않은 무통주사 미식거림 눈만
말똥, 손가락으로 더듬더듬 운을 띄운다
울리는 음, 부서져 망가져 버린다는 것
태양이 눈감아버린 버티기 힘든 악의 요정
눈발 날리는 숲의 도시 배회한다
고요만 남는다

봉산현 뜰 앞 이수의 묘도 그려본다

어쩜 그 먼 태곳적으로 거슬러 오를까
나의 기억을 되짚는다
그것은 나의 믿음이었고 미래였다
한 줌 시커먼 재를 떠올리며 울었지
울음이라고 단정 지을 수 없는
아득하고 먼 기억 잊기 전까지
나는 그 본향을 쫓고 있었지
스승이 그랬고
나의 부모가 그랬고
불탄 잿더미 위에서
언덕바지 위에 묻힌 몰락과 파탄과
총의 소리,
경인수세 충효전가
세종이 내린
가문 속에서 불타고 흔적 없이 흩어져
독립운동을 하고 무기 소산으로 이어진
자연과 생명의 터울 속에서
무시무시하게 살아남았다

아버지 손목 잡고 따라나선 만무리 부동마을
홍살문 있는 죽림서원
강학했던 마루에 앉아
봉산현 뜰 앞 이수의 묘도를 그려본다
그의 모화루 응제, 도화시를 그려본다
그건 분명 무엇이었을까
그 울음을 기억한다
유년의 나는 고향 집 초가에서
그 어느 기일
슬픔의 현장을 목격한다
노트르담의 벽에 쓰인 숙명이란 글씨를 기억하고
파두의 '어두운 숙명' 속에서 바스락거리는
죽음의 그림자 겨울나그네의 '보리수'를 읽고
'나는 세상에서 잊혀지고' 심오한 선율을 듣는다
'달빛' 그것은 내게 희망이었고 숙명이었다
여지껏 어둠의 길을 걷는다
걸어왔다
나는 아직 살아 있다

실오라기처럼 흩어진 선조들
그 후손으로 문헌을 찾아 읽는다
참 대견스럽다
많은 세월이 지났다
오랜 세월 새겨두었던 문장 하나 꺼낸다
이것 또한 나의 운명 또는 숙명이었다
어머니 돌아가시기 전 소쇄원에 들렀다
어머니는 힘겨워하시고
얼마 있다가 운명하셨다
소쇄원을 거슬러 양산보를 생각하였다
마음이 아리고 아프다
어디까지 기운을 추스를 수 있을까
인간이란 말이다
달이 뜬다
멋지고 아름다운 달
살아오면서 한 번도 아름답다는 기억이 없다
모질고 거친 일상을 잘 견뎌왔다

| 작품 해설 |

오월 본향의 만인보

맹문재

1.

　이효복 시인은 자기의 본향을 토대로 오월 광주민주화운동을 이끈 인물들을 세상에 알린다. 시인의 시도는 그동안 많은 시인들이 오월항쟁을 담은 경우와는 차별되기에 새로운 의미를 갖는다. 오월항쟁의 뿌리를 찾아 그 토대 위에서 미래의 역사를 제시하는 것이다.

　시인은 세종대왕의 스승이었던 문정공 이수(李隨)를 본향의 시조(始祖)로 삼고 그의 학문과 덕행과 나라를 위한 충성심을 되새긴다. 아울러 문정공의 정신을 본받고 실천한 후손들을 소개한다. 일제의 식민지 교육정책과 민족차별에 저항하고 나섰던 이영규 독립유공자, 1980년 오월항쟁 때 신군부의 명령을 거부하고 시민을 향해 발포하지 않은 이준규 목포경찰서장, 충과 효를 새기고 평생 교육자의 길을 걸어간 아버지

등이다.

시인이 문정공과 그의 후손들을 소개한 것은 봉산(鳳山) 이씨의 가문을 내세우기 위한 것이 아니라 문정공의 정신을 본받고 실천한 후세들을 알리기 위한 것이다. 임진왜란 때 나라를 위해 기꺼이 목숨을 걸고 항전했던 의병장 고경명과 김덕령, 5·18항쟁 때 소년 시민군이었던 김향득 사진작가, 5·18항쟁의 시민군으로 참가한 뒤 항쟁을 주제로 판화를 제작한 홍성담 민중미술가, 계엄군의 발포 명령을 거부했을 뿐만 아니라 우발적인 사고를 막으려고 경찰의 총기를 회수한 안병하 전라남도경찰국장, 민중시를 쓴 조태일 시인 등이다. 그들 외에 오월항쟁에 참가했거나 그 정신을 품고 살아가고 있는 후세들도 노래한다.

시인은 5·18항쟁의 역사를 만인보로 기록하면서 그들의 정신을 되새기고 있다. 그렇기에 시인의 본향은 봉산이면서 광주이고, 본향의 주인은 문정공의 정신을 계승한 후세들이며, 본향 의식은 민중항쟁이다. 시인의 민중의식은 맹자의 혁명론과 상통한다. 맹자는 백성이 가장 귀하므로 천명에 따라 인(仁)과 의(義)를 해치는 통치자는 무력으로 제거할 수 있다고 말했다.[1] 1980년 5월 인과 의를 해친 신군부에 맞선 광

---

[1] 제나라 선왕이 "은나라 탕왕이 하나라 걸왕을 내치고, 주나라 무왕이 은나라 주왕을 징벌했다는데 그런 일이 있었던 것입니까"라고 묻자 맹자는 다음과 같이 대답했다. "어짊을 해치는 자 그를 흉포한 놈이라고 말하고, 옳음을 해치는 자 그를 잔혹한 놈이라고 말하며, 잔혹하고 포악한 인간을 한낱 사내라고

주 시민들의 항쟁이야말로 그 모습이었다.

시인은 본향에서 그들과 어울려 살아가면서 시를 쓰는 것을 다행스럽게 여긴다. 지금까지 시를 쓰고 지우느라 한 생을 보냈지만, 자기의 본향에서 "아직 사라지지 않는 희미한 불을"(「시를 입에 물고 태어나」) 포기하지 않고 바라본다. 시인은 묻히거나 흩어진 그들을 오랜 세월 새긴 문장으로 찾아 세상에 알리는 일을 숙명으로 여기는 것이다.

2.

> 세종의 스승 문정공 이수
> 봉산 이씨의 시조다
> 일찍이 생원시에 장원으로 합격하고
> 경명행수,
> 스승의 자리에 이른다
> 빈객의 인품 훤칠히 빛나
> 난새와 붕새
> 학술과 문장으로
> 교목세가라
> 세종의 묘정에 배향 왕과 신하의 제사를 같이 지내

합니다. 들은 것은 한낱 사내인 주를 주살했다는 것이지 주군을 시해했다는 것을 여태껏 듣지 못한 것입니다[賊仁者謂之賊, 賊義者謂之殘, 殘賊之人謂之一夫. 聞誅一夫紂矣, 未聞弑君也]." 윤재근 편, 『맹자 I』, 동학사, 2012, 383~384쪽.

세상의 우러르는 바가 되었다
　　　현명함이 드러나 스승과 일체가 되었다
　　　꾸밈을 좋아하지 않은
　　　우아한 지조로 공적을 이루었다
　　　문장에 꾸밈이 없고 시와 서를 일과로
　　　눈과 귀를 빛내니
　　　이보다 더 앞설 수 없다

　　　　　　　　　　　　—「이문정공 실기」 전문

　위의 작품은 "세종의 스승 문정공 이수"를 소개하고 있는데, 이수는 "봉산 이씨의 시조"로 "일찍이 생원시에 장원으로 합격하고/경명행수,/스승의 자리에 이"르렀다. 스승의 자리에 이르기 위해서는 경명행수(經明行修)한 사람이 되어야 하는데, 즉 경학(經學)에 통달하여 밝고 덕행이 있는 사람이어야 하는데, 이수가 그러했다.

　이수는 "빈객의 위치 훤칠히 빛나/난새와 붕새"였다. 빈객(賓客)은 조선시대 때 세자시강원(世子侍講院)에 소속된 정2품 관직을 지칭한다. 세자시강원은 세자의 교육을 맡아 경서를 강론하는 자리를 전담하였다. 이수는 훌륭한 빈객으로 중국 전설에 나오는 상상의 새인 난새나 하루 구만 리를 날아가는 매우 큰 상상의 새인 붕새만큼 대단한 존재였다. 이수는 나라와 운명을 같이할 정도로 학술이 깊고 문장이 높아 "교목세가"를 이루었다. 교목세가(喬木世家)란 여러 대에 걸쳐 중요한 벼슬을 지내 나라와 운명을 같이하는 집안을 일컫는다.

이수의 교목세가 상황은 "세종의 묘정에 배향 왕과 신하의 제사를 같이 지내/세상의 우러르는 바가 되었다"는 데서 확인된다. 역대 선왕(先王)의 위패가 모셔져 있는 종묘 정전 앞에는 공신당(功臣堂)이 있는데, 해당 국왕의 신하들 중 치세에 공이 있다고 평가받는 이의 위패를 안치했다. 공신당에 들어갈 신하의 선정은 선왕의 종묘와 함께 이루어져 매우 중요한 위상을 갖는다. 조선시대 최고의 성군으로 추앙받는 세종의 배향 공신은 황희, 허조, 최윤덕, 신개, 이수, 이제(양녕대군), 이보(효령대군) 등 총 7명으로 이수의 위상이 얼마나 대단한지 알 수 있다.

이수는 "현명함이 드러나 스승과 일체가 되었"을 정도였고, "꾸밈을 좋아하지 않은/우아한 지조로 공적을 이루었다". 또한 "문장에 꾸밈이 없고 시와 서를 일과로/눈과 귀를 빛내"어 높은 경지에 이르렀다. 이수는 "생원시에 장원 합격하고/벼슬 없는 사람으로 일찍이 세종대왕의 스승이 되"어 "진정 그 이름 열과 성을 다"(「모화루 응제, 도화시」)하여 대왕의 극진한 사랑을 받았다.

세종 12년(1430년) 4월 명나라의 사신을 접대하는 연회가 모화루(慕華樓)에서 열렸다. 이날 응제(應製)가, 즉 임금의 명령에 의해 시문을 짓는 대회가 열렸는데, 이수의 「삼색도화시(三色桃花詩)」가 장원에 선정되었다. 세종은 기뻐서 이수에게 어사주(御使酒)를 내렸다. 이수는 세종의 어사주와 대신들의 축하주를 마시고 집으로 돌아가다가 말에서 떨어져 57세의 나이로 별세했다. 스승의 갑작스런 부음에 세종은 몹시 놀라 백관을 거느리고 조문하며 통곡했고, 부의로 쌀 50석을 내렸다. 또한 정승에 버금가는 장례 대우를 했고, 문정(文靖)이라는 시호를 내렸다. 이수는 고향인 황해도 봉산군 관혜리의 어은현이라는 언덕에 묻혔다. 이수의 후손들은 전남 장성군 북이면 만무리 부동마을에 세거지를 이루었고, 그곳에 문정공을 모신 죽림서원이 있다.[2]

> 망연하다
> 이 뜻깊은 자리
> 제106주년 삼일절
> 독립유공자 표창을 받는다
> 이영규 선생
> 1911년 전남 장성 자라뫼마을 출생이시다
> 노령 방장산 지나
> 고창고보에 다니다
> 1929년과 1930년
> 동맹휴학과 광주학생독립운동을 계획,
> 체포되어 옥고를 치른다
> 평생 가난과 고단한 삶을 살다가
> 세상을 뜬다
> 이제 더는 여한이 없을까

---

[2] 자세한 내용은 이재우, 「성군 세종대왕과 아름다운 인연 30년, '임금 스승의 표상' 심은 이수」, 『세종대왕신문』, 2023년 1월 11일 참조.(https://www.sejongking.co.kr/news/articlePrint.html?idxno=699)

전쟁의 격전지였던 오현 고향마을
문정공 심은 이수의 후손이다

—「이 뜻깊은 자리, 이영규」 전문

위의 작품은 "문정공 심은 이수의 후손"인 "이영규"를 소개하고 있다. 그는 "평생 가난과 고단한 삶을 살다가/세상을" 떴는데, 2025년 국가보훈부로부터 "제106주년 삼일절/독립유공자 표창을 받"았다. 그는 "1911년 전남 장성 자라뫼마을 출생"으로 전북 고창에 있는 "고창고보에 다니다/1929년과 1930년/동맹휴학과 광주학생독립운동을 계획,/체포되어 옥고를 치"렀다. 문정공의 후손답게 민족 의식을 가지고 일제의 식민지 교육정책과 조선인 차별에 맞서 동맹휴학과 만세운동을 주도한 것이었다.

이제는 외쳐도 될까요
그 이름을 알까요
1980년의 오월, 목포를 기억합니다
세종의 스승 문정공 심은 이수의 후손으로
신군부 명령을 거부하고 시위대에 발포하지 않아
비폭력적인 저항으로 불의에 항거
생을 다하였습니다
지나온 세월 축적된 함의
최악의 모진 고문으로 기력 잃은
그 핏기 없는 얼굴을 기억합니다
보이는 것마다 눈물 아닌 것이 없는데

아무런 말도 못하고
아무런 말도 할 수 없어
웃기만 했지요
그렇게 마주했지만
암묵적인 그 고통은 아직도 저려옵니다
가족에게조차 아무런 말도 못 하고
숨을 거두었지요
세상은 고요로 침묵했고
참 많은 시간이 흘렀습니다
이제 목포역도 고하도도 한가롭게 빛나고
눈부시게 아름답습니다
한 가정의 가장으로
그보다는 시민의 생명과 평화가 먼저였던
그 마음 새겨봅니다

―「그 핏기 없는 얼굴, 이준규 1」 전문

  위의 작품은 "1980년의 오월, 목포"와 관련된 "이준규"를 소개한다. 그는 "세종의 스승 문정공 심은 이수의 후손"으로 "신군부 명령을 거부하고 시위대에 발포하지 않"고 "비폭력적인 저항으로 불의에 항거"했다. 작품의 화자는 "최악의 모진 고문으로 기력 잃은/그 핏기 없는 얼굴을 기억"한다. 그는 "보이는 것마다 눈물 아닌 것이 없는데"도 불구하고 "아무런 말도 못하고/아무런 말도 할 수 없어/웃기만 했"다. 화자는 그와 "그렇게 마주했지만/암묵적인 그 고통"을 알 수 있었고, 아직도 가슴이 저려온다고 토로한다.

이준규는 비상계엄군이 명령한 "총을 거부하고/무기를 소산, 배에 싣고 고하도로 향했다". "이순신이 머물렀던 곳/원대한 꿈을 가진 푸른 바다"에 역사를 향한 결기를 발휘한 것이다. 5·18항쟁의 참상을 알리기 위해 100명이 넘는 시민군이 목포로 진입한 상태였고, 분노한 시민들이 목포역으로 모여들었으며, 언제 총기로 무장한 시위대가 들이닥칠지 모르는 상황이었다. 그는 "일촉즉발 목포역 광장의 엄청난 인파/총부리를 거부"했다. 그 결과 목포에서는 인명 피해가 사망 1명, 부상자 11명으로 계엄군의 강제 진압으로 사망자 수를 헤아릴 수 없는 광주의 상황과 크게 비교되었다. 시민들을 자극하지 않으면서 인명 피해를 최소화하려는 그의 조치가 있었기에 가능했다. 그는 그 일로 신군부에 "끌려가 무려 90일간의 구금과 고문,/파면으로 이어져/후유증으로 숨을 거두었다"(「역사를 바로 세우다. 이준규 2」).

이준규가 "한 가정의 가장으로/그보다는 시민의 생명과 평화"를 우선시했기에 "목포역도 고하도도 한가롭게 빛나고/눈부시게 아름"다운 세상이 되었다. 그렇지만 신군부가 그에게 가한 강도 높은 고문의 내용은 알려진 것이 없고, 증언을 해줄 관계자들도 고인이 되었기에 진실은 오랫동안 묻혔다. 2017년 정권이 바뀌고 진상 조사가 이루어지면서 그는 사후 재심에서 무죄 판결을 받았다.[3]

---

3 자세한 내용은 이승훈, 「5·18 전두환 신군부는 왜 이준규 목포경찰서장

3\.

여기로 오세요
다하지 못한 꿈이 있어요

아무도 없는데 발길 멈춘 곳
새가 날고 온갖 꽃들 지천에 피어 오르고
누구라도 여기로 와요 그의 노래를 들어요
파릇파릇 세상이 밝아져와요

골 깊은 옥답, 무등산 산 그리메
둘러앉아 숨소리도 나직이
무등산 옛길 오르노라면
세상이 보여요 손 내밀어 말을 걸어요

무기를 만들고 무예를 익히던
의와 충과 효의 시원 김덕령 생각
억울함이 곳곳에 뿌리내려 실개울이 흐르고
민담과 전설로 그 흔적 되살아나

멀리 무등산 뜀바위 달그림자 안아보면
언뜻 스치는 구슬픈 한의 소리 숨죽여 듣는
봄 동산의 작은 거처

을 죽였나」, 『민중의 소리』, 2019년 5월 13일 참조.(https://www.vop.co.kr/A00001406458.html)

여기로 오세요

다하지 못한 꿈이 있어요

―「취가정의 봄, 김덕령」 전문

위의 작품의 화자는 사람들에게 "여기로 오세요"라고 "취가정"에 초대한다. 그곳에는 "새가 날고 온갖 꽃들 지천에 피어 오르고", "골 깊은 옥답, 무등산 산 그리메/둘러앉아 숨소리도 나직이" 들린다.

취가정(醉歌亭)은 광주광역시 북구 충효동 광주호 옆 성안마을 뒷동산 동쪽에 있는 정자이다. 1890년 김덕령 장군의 후손 난실 김만식과 친족들이 충장공의 성장지에 지었고, 6·25전쟁 때 불타 중건하였다. 정자의 이름을 취가정이라 한 것은 권필이 자신의 꿈에서 억울하게 죽은 김덕령 장군이 술에 취해 나타나 서로 시를 나누었는데, 외로운 혼을 달래기 위해 읊은 「취시가」에서 유래한다. 취가정은 임진왜란의 의병장 김덕령과 권필의 애끓는 사연이 녹아 있고, 많은 선비들이 시문을 남긴 인문학적 배경과 경관적 가치를 공유하고 있다.[4]

화자가 사람들에게 취가정에 초대하는 것은 자연의 경관이 뛰어나서만이 아니라 전하고 싶은 것이 있기 때문이다. 즉 김덕령은 나라가 어려울 때 "무기를 만들고 무예를 익히"

---

4 「취가정」, 『위키백과』.(https://ko.wikipedia.org/wiki/%EC%B7%A8%EA%B0%80%EC%A0%95)

고 "의와 충과 효"를 실행했는데, 그의 "다하지 못한 꿈이 있"기에 누구든 여기 와서 그의 노래를 들으면 "파릇파릇 세상이 밝아져"온다고 말하는 것이다.

김덕령은 1567년 전라도 광주목 석저촌(현재 광주광역시 북구 충효동)에서 태어났다. 1593년 그를 따르는 의병이 5천 명에 달했다. 조정에서는 충용군이라는 군호를 내렸지만, 선조의 의병에 대한 의심과 견제로 말미암아 그는 역적 혐의로 옥사했다. 따라서 취가정에는 그의 "억울함이 곳곳에 뿌리내려 실개울이 흐르고/민담과 전설로 그 흔적 되살아"난다. "멀리 무등산 뜀바위 달그림자 안아보면/언뜻 스치는 구슬픈 한의 소리 숨죽여 듣"기도 한다. 화자는 그의 이루지 못한 꿈을 함께 펼쳐보자고 사람들에게 "여기로 오세요/다하지 못한 꿈이 있어요"라고 부르는 것이다.

> 피는구나 피었구나 내 사랑 무등산 서석골 위에
> 수정 병풍 아롱진 참빗살 모양 그리움의 혼
> 이름 하나 꽃 피었구나 세상을 이루었구나
>
> 내 마음 아파오고 그대 떠오르면
> 오직 한 줌 눈물로 나라를 지키는 일이라
> 어찌 몸을 아끼겠는가 올곧게 일어서리라
>
> 그 마음 모두어 의병을 모아
> 비처럼 구름처럼 모두 일어나리라

말에 올라 맹세하는도다 마음을 다져 항거한다

새가 비상하듯 날개를 펴고 날아올라
있는 힘을 다하여 내던진 충정
꼿꼿한 서석대 하늘을 닿을 듯한 그 이름

압촌동 백발의 선비 시를 짓다가
마음의 소리 따라 의병을 모아 나라를 지키었다네
그의 혼 장성 영천리 방울샘 묘역에 묻히었다네
—「『유서석록』 지은 고경명」 전문

위의 작품의 화자는 "내 사랑 무등산 서석골 위에/수정 병풍 아롱진 참빗살 모양 그리움의 혼/이름 하나 꽃 피었구나"라고 노래한다. 그 이름은 다름 아니라 몸을 아끼지 않고 "오직 한 줌 눈물로 나라를 지키는 일"을 한 "고경명"이다. 화자는 그를 마음 아파할 정도로 그리워한다.

고경명은 "의병을 모아/비처럼 구름처럼" 일어났다. 그는 나라를 지키려고 "말에 올라 맹세"했고, "마음을 다져 항거"했다. "새가 비상하듯 날개를 펴고 날아올라/있는 힘을 다하여 내던진" 그의 충정은 "꼿꼿한 서석대 하늘을 닿을 듯"했다. 그는 "압촌동 백발의 선비 시를 짓다가/마음의 소리 따라 의병을 모아 나라를 지"킨 것이다.

고경명은 1533년 전라도 광주목 압보촌(현재 광주광역시 남구 압촌동)에서 태어났다. 그는 1552년(명종 7년) 진사시에 합격했고, 1558년(명종 13년) 성균관에 유생들을 시험할 때 수석을 차지하여 직부전시에 명을 받았으며, 식년시 문과에 장원급제했다. 1591년(선조 24) 동래 부사로 있다가 서인이 제거될 때 사직하고 낙향했다. 1592년(선조 25) 임진왜란이 일어나 왜군이 한성을 점령하고 선조가 의주로 피난갔다는 소식을 듣고 의병을 일으켰다. 6천여 명의 의병을 데리고 금산 방어사 곽영과 함께 병력을 재정비한 뒤 일본군과 싸우다가 아들 고인후와 함께 전사하였다. 저서로는 『제봉집(霽峰集)』『유서석록(遊瑞石錄)』등이 있다.[5]

4.

　　예쁜 꿈, 이 지구상에 가장 거대한 꿈을 가진
　　오월의 은행나무 김향득, 너는 가지 않았다
　　항상 그 자리에 서 있다
　　어제도 오늘도 내일도 오월을 지키고 있다

　　그 눈망울 그 순수한 눈빛, 마음속에 응어리져
　　금빛 눈물 그렁그렁 떨어질 듯 떨어질 듯
　　가지런하고 반듯한 그 모습
　　언제 오려나 다시 오려나

---

5 「고경명」, 『위키백과』(https://ko.wikipedia.org/wiki/%EA%B3%A0%EA%B2%BD%EB%AA%85)

아쉬워, 옛 전남도청 본관 앞 총상 맞은 은행나무,
그 탄흔의 상처를 마음 애타 어루만지며 내게 말했다
난 기억해 그 애틋한 말의 기억 너무 힘들어
말끝 잇지 못하고 터져버린 울음

뚝뚝 눈물이 진다
노란 은행잎 진다

언제나 어디서나 항상 그 자리 너를 만난다
오월 사적지 표지석 어루만지며
그 눈망울 그 눈빛 눈물이 맺혀 땅을 적시고
잠 못 이뤄 애타 또 새벽잠 서둘러 현장으로 향했다

그곳에 가면 너를 만났다
옛 전남도청 앞 은행나무 탄흔 흔적 불거진 상처
어루만지며 너는 오월로 서 있다
오월의 은행나무로 서 있다

마음이 시리고 아파
오월 은행나무가 되어 떠났다
너의 혼 한 줌 은행나무에 머문다
탄흔 자국 어루만져 내게 말했다

말간 해맑은 웃음 지으며
그 눈물과 미소와 웃음을 기억하지
맘속 숨은 그 고뇌 나에게 말했지
너는 오월의 은행나무가 되었고

홀로 외로이 길을 떠났다
5 · 18 소년 시민군 출판 기념 행사가 있어
새로 옷 한 벌 사 입고 어떠냐고 좋아라 했다
마지막, 내가 본 마지막이었다

예쁜 꿈, 이 세상에서 가장 아름다운 꿈을 가진
오월의 은행나무 김향득, 너는 가지 않았다
오늘도 그 자리 오월의 은행나무로 서 있다
오월의 꿈으로 서 있다

—「오월 은행나무로 서다, 김향득」 전문

위의 작품의 화자는 "예쁜 꿈, 이 지구상에 가장 거대한 꿈을 가진/오월의 은행나무 김향득"을 그리워하고 있다. 화자는 "너는 가지 않았다"라고, "항상 그 자리에 서 있다"라고, "어제도 오늘도 내일도 오월을 지키고 있다"라고 말한다. 그의 순수한 눈빛과 눈망울, 그의 반듯한 모습을 잊을 수 없어 "언제 오려나 다시 오려나" 하고 기다리기도 한다.

화자가 그를 그리워하는 것은 "옛 전남도청 본관 앞 총상 맞은 은행나무,/그 탄흔의 상처를 마음 애타 어루만지며 내게 말"한 인연이 있기 때문이다. 그는 "난 기억해"라고 말하면서 그 애틋한 기억이 너무 힘들어 말끝을 잇지 못하고 울음을 터뜨렸다. 또한 그는 "오월 사적지 표지석 어루만지며/그 눈망울 그 눈빛 눈물이 맺혀 땅을 적시고/잠 못 이뤄 애타 또 새벽잠 서둘러 현장으로 향"하기도 했다.

화자는 옛 전남도청 앞의 은행나무 탄흔으로 불거진 상처를 어루만지며 "너는 오월로 서 있다"라고, "오월의 은행나무로 서 있다"라고 여긴다. 화자는 그가 "5·18 소년 시민군 출판기념 행사가 있어/새로 옷 한 벌 사 입고 어떠냐고 좋아"한 기억도 가지고 있다. 마지막 본 그 모습이 떠올라 "예쁜 꿈, 이 세상에서 가장 아름다운 꿈을 가진/오월의 은행나무 김향득, 너는 가지 않았다"라고 노래한다.

김향득은 1980년 5월항쟁 당시 광주 대동고 3학년이었다. 그는 광주 학살의 진실이 담긴 '투사회보'를 거리에 뿌리며 5·18항쟁의 한복판으로 뛰어들었다. 1980년 5월 27일 새벽 광주여자기독교청년회(YWCA) 사옥 마당에 배치되어 싸우다가 생포되었다. 군 영창에서 구타와 고문에 시달리다가 7월 3일 건강이 악화되어 훈방으로 풀려났다. 그는 광주대 신문방송학과를 졸업한 뒤 광주은행 청원경찰로 근무하면서 문화유산 답사를 다니며 들꽃이나 문화재를 카메라로 찍었는데, 2005년 옛 전남도청 별관 철거 논란을 지켜보면서 오월의 역사를 기록하기 시작했다. 2007년 직장을 그만두고 5·18항쟁 관련 현장을 사진으로 담았다. 5·18민주광장에서 열렸던 세월호 참사, 김대중·노무현 전 대통령의 추모식 장면도 찍었다. 2016년 박근혜 퇴진 집회 때 시민들이 재현한 5·18 횃불시위 장면을 찍은 사진이 2020년 이탈리아 베네치아 5·18 특별전 때 소개되기도 했다. 오월 현장뿐 아니라 각종 촛불집회와 4대강 사업 반대 현장도 기록했다. 그는

2025년 10월 7일 고문 후유증을 이기지 못하고 향년 62세로 별세했다.[6]

> 어쩌다가 시대의 비운을 한 몸에 담았다
> 저 먼 섬 순수한 그 빛
> 바다의 푸른 낭만으로 살다가
> 시(詩)의 여린 감성으로 살다가
> 뭍으로 나와
> 그의 붓 가는 곳마다 시대정신 한 몸에 붙안고
> 얼마나 몸부림쳤던가
> 어디 편한 잠 한번 자본 적 있던가
> 꿈마다 무의식의 환몽 속에서
> 우주의 신비 그 비밀의 숲에서
> 버티어 나갔다
> 이제 큰 뜻 품어 예술적 완성을 이루려 한다
> 아직도 이 땅에
> 작품이 전시되지 못하고
> 어찌 자유와 평화를 얻겠는가
> 통일의 꿈 이루겠는가
> 막 잠들려는 이 순간
> 그의 전시 작품 폐쇄 소식을 듣는다
> 참 암담하다
> 내가 커 나온 이 땅의 현실을 목격한다

---

6 자세한 내용은 정대하, 「"나 혼자 가기가 쑥스러웠다"…5·18 소년 시민군 김향득 사진가 별세」(『한겨레』, 2025년 10월 8일) 참조. ⟨https://www.hani.co.kr/arti/area/honam/1222436.html⟩

꿰뚫어 알뜰히 소소히 적어나갔다
　　　　　—「희망의 서사, 홍성담 1」 전문

위의 작품의 화자는 "홍성담"을 "시대의 비운을 한 몸에 담았다"라고 규정한다. 홍성담은 "바다의 푸른 낭만으로 살다가/시(詩)의 여린 감성으로 살다가/뭍으로 나와" "시대정신 한 몸에 붙안고" 몸부림쳤다. 그는 "편한 잠 한번 자본 적"이 없었지만, "꿈마다 무의식의 환몽 속에서/우주의 신비 그 비밀의 숲에서/버티어 나갔다". "큰 뜻 품어 예술적 완성을 이루"어 나간 것이다. 그렇지만 그의 작품이 아직도 자유롭게 전시되지 못하고 있다. 화자는 "어찌 자유와 평화를 얻겠는가/통일의 꿈 이루겠는가"라고 항변하면서 그의 그림이 전시될 수 없는 상황을 안타까워한다.

홍성담은 1955년 전남 신안군 하의도에서 태어나 1974년 조선대학교 미대에 입학했다. 1978년 결핵 진단을 받아 목포 근처의 요양소에 들어갔다가 5·18 광주민주화운동의 마지막 수배자인 윤한봉을 만나면서 사회로 시선을 돌렸다. 1979년 요양소에서 나와 광주자유미술인협의회(광자협)을 만들었다. 1980년 5월 광주민주화운동이 일어나자 플래카드와 대자보를 제작하는 등 시민군의 문화선전대로 활동했다.

그는 죽음으로 점철된 참혹한 현장에서 살아남은 뒤 오월 항쟁을 판화로 그리기 시작했다. 〈대동세상〉〈밥〉 등을 통해 광주가 비극의 현장만이 아니라 대동세상을 이룬 세상으로 그렸다. 그는 1985년 민족미술협의회(민미협) 결성을 주도했고, 1987년 6월항쟁 때 문화선전활동을 펼쳤다. 1988년 민족민중미술운동전국연합(민미연) 건설준비위원회를 결성하고, 통일 문제에 관심을 갖고 동학혁명부터 6월항쟁까지를 담은 〈민족해방운동사〉를 만들었다. 1989년 4월 서울대에서 개막제를 갖고 작품을 공개했고, 슬라이드로 만들어 같은 해 7월 평양에서 열린 세계 청년학생 축전에 보냈다. 그 일로 그는 안기부에 끌려가 20여 일 동안 고문을 당했고, 간첩으로 몰렸다. 1990년 이적표현물 제작과 찬양죄 등으로 징역 3년형을 받았다. 그는 1992년 출소한 뒤 본격적으로 창작에 몰두해 1999년 〈1999. 탈옥〉전을 개최했다. 안기부에서 당한 물고문의 기억과 감옥 생활 등을 형상화한 전시회로 평론가들로부터 호평을 받았다. 상업적으로도 성공해 민중미술은 예술성이 떨어진다는 비판을 잠재웠다.[7]

> 그리도 오래 걸렸을까
> 세월이 난무하다
> 아무도 관심 없어 한동안 암묵 속에
> 잠재되었다
> 어둠의 기억을 되짚어,
> 평온의 기억은 없다

---

7   최을영, 「홍성담 – 국가폭력과 싸우는 화가」, 『인물과사상』, 인물과사상사, 2009년 10월호, 60~64쪽.

어느 날 건물 벽에 걸린 현수막에서
그의 이름을 보았다
그리도 오랜 세월, 동안
진실을 알린 이가 있었기 때문이다
마음이 아프다
할 일이 태산이다
45년이 지난 지금 그는 완전한가
나라는 무엇 하고 있나
역사를 바로 세우라
그가 진정 원하는 게 무엇일까
소소한 일깨움으로
잠을 이루지 못하고 뒤척인다
그의 유족을 볼 때마다
마음 미안하다
어떤 희망을 기원한다

―「총부리를 거두라, 안병하」 전문

위의 작품의 화자는 "그리도 오래 걸렸을까/세월이 난무하다/아무도 관심 없어 한동안 암묵 속에/잠재되었다"라고 "안병하"의 명예 회복에 오랜 시간이 걸린 사실을 안타까워한다. 화자 역시 "어느 날 건물 벽에 걸린 현수막에서/그의 이름을 보았다"라고 자신을 반성한다. 또한 "마음이 아프다"라고 고백하고, "할 일이 태산이다"라고 토로한다.

화자는 "45년이 지난 지금 그는 완전한가/나라는 무엇 하고 있나"라고 안병하의 일을 두고 정부를 비판한다. "역사를 바로 세우라"고 요구도 한다. 그러면서 "그가 진정 원하는 게 무엇일까"라고 미안한 마음으로 "잠을 이루지 못하고 뒤척인다". "그의 유족을 볼 때마다" 미안한 마음을 가지며 "어떤 희망을 기원"하기도 한다.

안병하는 1928년 강원도 양양에서 태어나 1979년부터 전라남도지방경찰청장을 지냈다. 1980년 5·18항쟁 당시 시민을 향한 발포 명령을 거부했고, 우발적인 사고를 우려해 경찰의 총기를 회수했으며, 부상당한 시위대에 치료와 음식을 제공했다. 그 일로 그는 직위 해제되었고, 육군 보안사령부에 연행되어 고문을 당했다. 그는 그 고문 후유증을 겪다가 1988년 60세로 별세했다. 안병하 2002년 5·18민주화운동 유공자로 선정되어 2005년 서울 국립현충원 경찰 묘역에 안장되었다. 2017년 치안감으로 추서되었고, 2022년 명예 회복이 이루어졌다.[8]

5.

> 어쩜 그 먼 태곳적으로 거슬러 오를까
> 나의 기억을 되짚는다
> 그것은 나의 믿음이었고 미래였다

---

8 「안병하」, 『위키백과』. (https://ko.wikipedia.org/wiki/%EC%95%88%EB%B3%91%ED%95%98)

한 줌 시커먼 재를 떠올리며 울었지
울음이라고 단정 지을 수 없는
아득하고 먼 기억 잊기 전까지
나는 그 본향을 쫓고 있었지
스승이 그랬고
나의 부모가 그랬고
불탄 잿더미 위에서
언덕바지 위에 묻힌 몰락과 파탄과
총의 소리,
경인수세 충효전가
세종이 내린
가문 속에서 불타고 흔적 없이 흩어져
독립운동을 하고 무기 소산으로 이어진
자연과 생명의 터울 속에서
무시무시하게 살아남았다
…(중략)…
여지껏 어둠의 길을 걷는다
걸어왔다
나는 아직 살아 있다
　　　　　—「봉산현 뜰 앞 이수의 묘도 그려본다」 부분

위의 작품의 화자는 오월의 "기억을 되짚는"데, 그것이 "믿음이었고 미래였다"고 밝힌다. 화자가 기억하는 상황은 "한 줌 시커먼 재"였고, "불탄 잿더미 위에서/언덕바지 위에 묻힌 몰락과 파탄과/총의 소리"였다. 화자는 그 상황을 떠올리며 울었는데, "본향을 쫓"는 것이었다. 충효를 실천했고 독립운동을 한 "스승이 그랬고/나의 부모가 그랬"던 모습이다.

  화자는 그와 같은 상황에서 벗어나지 못한 채 "여지껏 어둠의 길을 걷는다". 그렇지만 그 길에 함몰되지는 않는다. 화자는 "무시무시하게 살아남"은 자신의 현재 상황을 다시금 인식하기 위해 "나는 아직 살아 있다"라고 확인한다. 본향에서 살아가는 사람들의 행적을 흩어진 문헌처럼 찾아 읽기도 한다.

  시인이 오월항쟁에 헌신한 뒤 "이름 없이 묻힌 그 이름"들의 흔적을 되짚어보며 그들의 핏빛 눈물을 "무등산 서석대 바위마다" "가만가만 새겨보는 것"(「이름도 표지석도 없이, 오월 1」)이 그 모습이다. "서슬 푸른 총부리 마구 들이대는/어디에서든" 살아남아 "또다시 눈물도 없이"(「날, 칼날」) 맞서고자 한다. 오월항쟁의 정신을 계승한 우리 모두가 "내건 희망, 저 너머로/불을 밝히"(「오월의 비상」)고자 하는 것이다. "우리들이 목숨 바쳐 옥고를 치렀던/시대의, 맑고 티 없던 생명의 한순간 아로새"(「은목서 향기 드날리고―한 서린 교정에서」)기며 희망을 노래하는 것이다.

  시인의 오월 본향 인식은 현재진행형으로 계승되고 있다. 2014년 4월 16일 전남 진도군 앞바다인 맹골수도에서 침몰한 세월호의 사고를 수습한 팽목항을 찾아 "내가 껴안아줄게/이제 그만 돌아오렴"(「설날 아침, 팽목항에서」) 하며 희생자들을 품는 것이 그 모습이다. "2021년 6월 9일 오후 4시 22분" 재개발 현장에서 철거 중이던 건물이 무너지면서 시내버스를 덮쳐 시민들이 숨지고 크게 다친 사고 앞에서 "우리들의 고귀한 영혼을 해죽이지 마라"(「아, 하늘은 우리들의 하늘은—광주 학동 참사」)라고 기도하는 것도 그러하다. 새만금의 갯벌 개발과 미군기지 확장으로 주민들이 쫓겨난 전북 군산의 하제마을의 역사를 묵묵히 지켜온 수령 600여 년의 팽나무를 지키기 위해 "와 보라, 여기 힘차게 눈을 떠보라"(「귀를 열어, 하늘을 보라—하제 팽나무」)라고 노래하는 데서도 볼 수 있다.

시인의 오월 본향의 만인보는 2021년 미얀마에서 발생한 쿠데타에 대한 시민들의 시위에 연대하는 데까지 나아가고 있다. 피로 물드는 미얀마의 어두운 상황을 바라보며 "무등의 봄이 온다/미얀마의 봄이 온다"(「미얀마의 봄」)라고 오월 민중들의 승리를 응원하는 것이다.

孟文在 | 문학평론가·안양대 교수

푸른사상 시선

1. 광장으로 가는 길 | 이은봉·맹문재 엮음
2. 오두막 황제 | 조재훈
3. 첫눈 아침 | 이은봉
4. 어쩌다가 도둑이 되었나요 | 이봉형
5. 귀뚜라미 생포 작전 | 정원도
6. 파랑도에 빠지다 | 심인숙
7. 지붕의 등뼈 | 박승민
8. 살찐 슬픔으로 돌아다니다 | 송유미
9. 나를 두고 왔다 | 신승우
10. 거룩한 그물 | 조항록
11. 어둠의 얼굴 | 김석환
12. 영화처럼 | 최희철
13. 나는 너를 닮고 | 이선형
14. 철새의 일인칭 | 서상규
15. 죽은 물푸레나무에 대한 기억 | 권진희
16. 봄에 덧나다 | 조혜영
17. 무인 등대에서 휘파람 | 심창만
18. 물결무늬 손뼈 화석 | 이종섶
19. 맨드라미 꽃눈 | 김화정
20. 그때 나는 학교에 있었다 | 박영희
21. 달함지 | 이종수
22. 수선집 근처 | 전다형
23. 족보 | 이한걸
24. 부평 4공단 여공 | 정세훈
25. 음표들의 집 | 최기순
26. 나는 지금 운전 중 | 윤석산
27. 카페, 가난한 비 | 박석준
28. 아내의 수사법 | 권혁소
29. 그리움에는 바퀴가 달려 있다 | 김광렬
30. 올랜도 간다 | 한혜영
31. 오래된 숯가마 | 홍성운
32. 엄마, 엄마들 | 성향숙
33. 기룬 어린 양들 | 맹문재
34. 반국 노래자랑 | 정춘근
35. 여우비 간다 | 정진경
36. 목련 미용실 | 이순주
37. 세상을 박음질하다 | 정연홍
38. 나는 지금 외출 중 | 문영규
39. 안녕, 딜레마 | 정운희
40. 미안하다 | 육봉수
41. 엄마의 연애 | 유희주
42. 외포리의 갈매기 | 강 민
43. 기차 아래 사랑법 | 박관서
44. 괜찮아 | 최은묵
45. 우리집에 왜 왔니? | 박미라
46. 달팽이 뿔 | 김준태
47. 세온도를 그리다 | 정선호
48. 너덜겅 편지 | 김 완
49. 찬란한 봄날 | 김유섭
50. 웃기는 짬뽕 | 신미균
51. 일인분이 일인분에게 | 김은정
52. 진뫼로 간다 | 김도수
53. 터무니 있다 | 오승철
54. 바람의 구문론 | 이종섶
55. 나는 나의 어머니가 되어 | 고현혜
56. 천만년이 내린다 | 유승도
57. 우포늪 | 손남숙
58. 봄들에서 | 정일남
59. 사람이나 꽃이나 | 채상근
60. 서리꽃은 왜 유리창에 피는가 | 임 윤
61. 마당 깊은 꽃집 | 이주희
62. 모래 마을에서 | 김광렬
63. 나는 소금쟁이다 | 조계숙
64. 역사를 외다 | 윤기묵
65. 돌의 연가 | 김석환
66. 숲 거울 | 차옥혜
67. 마네킹도 옷을 갈아입는다 | 정대호
68. 별자리 | 박경조
69. 눈물도 때로는 희망 | 조선남
70. 슬픈 레미콘 | 조 원
71. 여기 아닌 곳 | 조항록
72. 고래는 왜 강에서 죽었을까 | 제리안
73. 한생을 톡 토독 | 공혜경
74. 고갯길의 신화 | 김종상
75. 고개 숙인 모든 것 | 박노식
76. 너를 놓치다 | 정일관

77	눈 뜨는 달력 ㅣ 김 선	118	장생포에서 ㅣ 황주경
78	거꾸로 서서 생각합니다 ㅣ 송정섭	119	흰 말채나무의 시간 ㅣ 최기순
79	시절을 털다 ㅣ 김금희	120	을의 소심함에 대한 옹호 ㅣ 김민휴
80	발에 차이는 돌도 경전이다 ㅣ 김윤현	121	격렬한 대화 ㅣ 강태승
81	성규의 집 ㅣ 정진남	122	시인은 무엇으로 사는가 ㅣ 강세환
82	번함 공원에서 점을 보다 ㅣ 정선호	123	연두는 모른다 ㅣ 조규남
83	내일은 무지개 ㅣ 김광렬	124	시간의 색깔은 자신이 지향하는 빛깔로 간다 ㅣ 박석준
84	빗방울 화석 ㅣ 원종태	125	뼈의 노래 ㅣ 김기홍
85	동백꽃 편지 ㅣ 김종숙	126	가끔은 길이 없어도 가야 할 때가 있다 ㅣ 정대호
86	달의 알리바이 ㅣ 김춘남	127	중심은 비어 있었다 ㅣ 조성웅
87	사랑할 게 딱 하나만 있어라 ㅣ 김형미	128	꽃나무가 중얼거렸다 ㅣ 신준수
88	건너가는 시간 ㅣ 김황흠	129	헬리패드에 서서 ㅣ 김용아
89	호박꽃 엄마 ㅣ 유순예	130	유랑하는 달팽이 ㅣ 이기헌
90	아버지의 귀 ㅣ 박원희	131	수제비 먹으러 가자는 말 ㅣ 이명윤
91	금왕을 찾아가며 ㅣ 전병호	132	단풍 콩잎 가족 ㅣ 이 철
92	그대도 내겐 바람이다 ㅣ 임미리	133	먼 길을 돌아왔네 ㅣ 서숙희
93	불가능을 검색한다 ㅣ 이인호	134	새의 식사 ㅣ 김옥숙
94	너를 사랑하는 힘 ㅣ 안효희	135	사북 골목에서 ㅣ 맹문재
95	늦게나마 고마웠습니다 ㅣ 이은래	136	왜 네가 아니면 전부가 아닌지 ㅣ 정운희
96	버릴까 ㅣ 홍성운	137	멸종위기종 ㅣ 원종태
97	사막의 사랑 ㅣ 강계순	138	프엉꽃이 데려온 여름 ㅣ 박경자
98	베트남, 내가 두고 온 나라 ㅣ 김태수	139	물소의 춤 ㅣ 강현숙
99	다시 첫사랑을 노래하다 ㅣ 신동원	140	목포, 에말이요 ㅣ 최기종
100	즐거운 광장 ㅣ 백무산 · 맹문재 엮음	141	식물성 구체시 ㅣ 고 원
101	피어라 모든 시냥 ㅣ 김자흔	142	꼬치 아파 ㅣ 윤임수
102	염소와 꽃잎 ㅣ 유진택	143	아득한 집 ㅣ 김정원
103	소란이 환하다 ㅣ 유희주	144	여기가 막장이다 ㅣ 정연수
104	생리대 사회학 ㅣ 안준철	145	곡선을 기르다 ㅣ 오새미
105	동태 ㅣ 박상화	146	사랑이 가끔 나를 애인이라고 부른다 ㅣ 서화성
106	새벽에 깨어 ㅣ 여국현	147	더글라스 퍼 널빤지에게 ㅣ 백수인
107	씨앗의 노래 ㅣ 차옥혜	148	나는 누구의 바깥에 서 있는 걸까 ㅣ 박은주
108	한 잎 ㅣ 권정수	149	풀이라서 다행이다 ㅣ 한영희
109	촛불을 든 아들에게 ㅣ 김창규	150	가슴을 재다 ㅣ 박설희
110	얼굴, 잘 모르겠네 ㅣ 이복자	151	나무에 기대다 ㅣ 안준철
111	너도꽃나무 ㅣ 김미선	152	속삭거려도 다 알아 ㅣ 유순예
112	공중에 갇히다 ㅣ 김덕근	153	중딩들 ㅣ 이봉환
113	새점을 치는 저녁 ㅣ 주영국	154	수평은 동무가 참 많다 ㅣ 김정원
114	노을의 시 ㅣ 권서각	155	황금 언덕의 시 ㅣ 김은정
115	가로수의 수학 시간 ㅣ 오새미	156	고요한 세계 ㅣ 유국환
116	염소가 아니어서 다행이야 ㅣ 성향숙	157	마스카라 지운 초승달 ㅣ 권위상
117	마지막 버스에서 ㅣ 허윤설		

158 수궁가 한 대목처럼 | 장우원
159 목련 그늘 | 조용환
160 그대라면, 무슨 부탁부터 하겠는가 | 박경조
161 동행 | 박시교
162 광부의 하늘이 무너졌다 | 성희직
163 천년에 아흔아홉 번 | 김려원
164 이별 후에 동네 한 바퀴 | 이인호
165 무릉별유천지 사람들 | 이애리
166 오늘의 지층 | 조숙향
167 오른쪽 주머니에 사탕 있는 남자 찾기 | 김임선
168 소리들 | 정 온
169 울음의 기원 | 강태승
170 눈 맑은 낙타를 만났다 | 함진원
171 도살된 황소를 위한 기도 | 김옥성
172 그날의 빨강 | 신수옥
173 의지와 표상으로서의 세계이니 | 박석준
174 촛불 하나가 등대처럼 | 윤기묵
175 목을 꺾어 슬픔을 죽이다 | 김이하
176 미시령 | 김 림
177 소나무 방정식 | 오새미
178 골목 수집가 | 추필숙
179 지워진 길 | 임 윤
180 달이 파먹다 남은 밤은 캄캄하다 | 조미희
181 꽃도 서성일 시간이 필요하다 | 안준철
182 안산행 열차를 기다린다 | 박봉규
183 읽기 쉬운 마음 | 박병란
184 그림자를 옮기는 시간 | 이미화
185 햇볕 그 햇볕 | 황성용
186 내가 지켜내려 했던 것들이 나를 지키고 | 김용아
187 신을 잃어버렸어요 | 이성혜
188 웃음과 울음 사이 | 윤재훈
189 그 길이 불편하다 | 조혜영
190 귤과 달과 토록 많은 날들 속에서 | 홍순영
191 버려진 말들 사이를 걷다 | 봉윤숙
192 나는 그를 지우지 못한다 | 정원도
193 시인 안에 북적이는 찌꺼기들 | 최일화
194 세렝게티의 자비 | 전해윤
195 고양이의 저녁 | 박원희
196 고요한 세상의 쓸쓸함은 물밑 한 뼘 어디쯤일까 | 금시아
197 순포라는 당신 | 이애리
198 고요한 노동 | 정세훈
199 별 | 정일관
200 시간의 색깔은 꽃나무처럼 환하다 | 백무산·맹문재 엮음
201 꽃에 쏘였다 | 이혜순
202 우수와 오수 사이 | 이 윤
203 열렬한 심혈관 | 양선주
204 머문 날들이 많았다 | 박현우
205 죄의 바탕과 바다 | 강태승
206 곰팡이도 꽃이다 | 윤기묵
207 지팡이는 자꾸만 아버지를 껴입어 | 이혜민
208 진뫼 오리길 | 김도수
209 연하리를 닮다 | 정유경
210 체위에 관한 질문 | 박미현
211 고 씨의 평미레 | 이주희
212 숲속 헌책방에서 | 강최현숙
213 부서지는 방식 | 이지우
214 등 속의 집 | 송기흥
215 구름 사내 | 주영국
216 개미는 노동으로 외로운 문을 연다 | 오기화
217 밀물의 숲 | 박미영

너는 오월로 서 있다

이효복 시집